华夏智库·新管理丛书

U0559031

大融合

DaRonghe

——互联网时代智慧资本大趋势

郑 健 著

经济管理出版社

ECONOMY & MANAGEMENT PUBLISHING HOUSE

图书在版编目（CIP）数据

大融合：互联网时代智慧资本大趋势/郑健著 . —北京：经济管理出版社，2015.12
ISBN 978 - 7 - 5096 - 4076 - 0

Ⅰ.①大… Ⅱ.①郑… Ⅲ.①互联网络—影响—金融业—研究 Ⅳ.①F83

中国版本图书馆 CIP 数据核字（2015）第 274942 号

组稿编辑：张　艳
责任编辑：张　艳　赵喜勤
责任印制：黄章平
责任校对：雨　千

出版发行：经济管理出版社
　　　　　（北京市海淀区北蜂窝 8 号中雅大厦 A 座 11 层　100038）
网　　址：www. E - mp. com. cn
电　　话：(010) 51915602
印　　刷：北京银祥印刷厂
经　　销：新华书店
开　　本：720mm×1000mm/16
印　　张：12.5
字　　数：152 千字
版　　次：2016 年 1 月第 1 版　2016 年 1 月第 1 次印刷
书　　号：ISBN 978 - 7 - 5096 - 4076 - 0
定　　价：38.00 元

前　言

大融合趋势下从融智到融资

"融合、融智、融资"，已经成为新经济形势下创业者寻求合作共赢的重中之重。在这三者中，融合是前提，在融合趋势下融智和融资，反过来进一步促进融合，这是一个持续发展、合作共赢的良性循环。

就像商业界的一句名言"地段、地段还是地段"一样，未来企业发展的关键词则是"融合、融合还是融合"。融合，代表了移动互联网时代企业乃至个人的发展趋势。在移动互联网时代，单打独斗或者拉帮结派式的"竞争"时代已经逐渐过去，迎面而来的是"合作全赢"的大融合时代。这里的融合不仅是狭义上的线上与线下的融合、内部和外部的融合，还包括广义上的传统与现代的融合、网络金融与传统金融实体的融合以及不同行业和业态之间的融合。

就金融而言，互联网金融是互联网技术和思维对传统金融的一场深刻改革，需要运用互联网思维之用户思维、跨界思维、大数据思维、平台思维、迭代思维，按照顺势而为的核心理念，通过融合与创新，实现一体化、平台化、开放化、媒体化和社会化。只有这样，才能发挥出各自的最大优势，让"你赢、我赢、大家赢"从理想变成现实！

在移动互联网时代，任何一个人、物和场景都会成为媒体。而商业的本质是获得客户及其消费，用数学的方式表达就是流量乘以转化率，而古往今来传播都是获得流量的主要方式。比如，O2O的第一属性应该是媒体，但很多传统企业包括现在不少的O2O从业者往往都忽略了这一点，因而陷入一个泥潭式的怪圈。由此可见互联网时代"融智"的必要性。

中国人从来不缺乏智慧，是世界公认的充满智慧的民族。事实上，企业在打造核心竞争力、实现转型升级的过程中，可以融入的智慧有很多，比如中国传统文化中的东方智慧、国外成功的经验。立足国情，结合企业实际，融贯中西，才能真正融智。

企业要融智，需要有智慧的企业家。每家企业，每个领导，他们看待行业、看待企业的角度都有所不同。高明的企业家具有宏观视野和战略头脑，在发展的路径设计上有远见。当然，组织智慧作为集体智慧，是在企业经营管理模式中建立一种内部机制，根据前人的理论和经验，结合自身的特点，在实践中提炼出指导公司发展的规律性的精华，将某个个体的成功、发现、创意、感悟或经验、技能等迅速放大到整个组织，在公司内部固化、共享、传承。在这一点上，优秀的公司有着近乎一致的理念。有了智慧的企业家，有了智慧的组织，就可以开展"融智"工作，如推进"两化融合"、打通信息流、建立"PDCA"循环管理机制、聚会高端人才等。

有智慧的企业"不差钱"，这就是"融资"的功劳。人们常说中小微企业融资难，其实是因为"融资难"才一直居于"中小微"的位置。为什么融资难？不要抱怨政府支持少，不要抱怨银行不贷款，原因首先在于自己，在于自己没有找到融资的渠道和方式。

事实上，在移动互联网时代，企业通过众筹模式、第三方支付方式、P2P网络贷款平台、供应链金融及"互联网＋微金融"模式，都可以融资。单从融资渠道方面来看，就有新三板上市、私募债券、股权交易、担保公司担保、不动产抵押、融资租赁、银行信贷、民间资金、外资等多种融资渠道。之所以居于"中小微"，其关键首先是思维观念的转变问题，其次是方式方法问题。因此，我们强调企业应该积极推行思维创新、融资创新，这是互联网时代企业把握机遇、做大做强的两个关键节点。

商业融合是时代趋势，企业通过融合实现融资和融智，是一种必然的途径和选择。这方面有不少成功的例子，如中国五大互联网公司中，腾讯最大化利用其社交红利，阿里巴巴在资本游戏中做超级拼图，百度目标精准地完善"中间页"战略，小米在学习苹果模式，奇虎360誓欲困境突围。它们的经验很值得我们参考和借鉴。

无论是企业还是个人，要想获得新的发展，取得不菲的成绩，都必须顺应大融合趋势，多方融智、积极融资。

目　录

第一章　融合之势：互联网金融与资本市场大融合 ················· 1

互联网金融是我国多层次资本市场的重要组成部分，对金融模式产生了
巨大影响。本章分析了互联网金融与资本市场的现状，探讨了互联网金融生
态系统下的融合创新的各种必然性因素，提出了传统金融与互联网金融融合
创新的思想基础和适应性策略，介绍了资本市场的互联网金融主要模式。不
仅展现了互联网金融与资本市场日渐融合的大趋势，更强调把握互联网与传
统金融融合带来的新机遇、新格局。

第二章　融智之重：互联网时代智慧企业的必然选择 ·············· 25

"智慧"无处不在。21 世纪以来，我们听到了一系列与智慧相串联的新

名词，例如智慧政府、智慧民生、智慧网络、智慧产业、智慧地球、智慧城市等。在市场竞争环境日趋激烈、信息技术发展日新月异的今天，企业要想获得持续发展，必须融合多方智慧，提升对企业内外部信息的处理能力和对数据价值的发掘能力，以迅速有效地沉淀"知识资本"，打造核心竞争力。

第三章 融资之要：互联网时代创业发展的必备条件 …………… 49

企业融资是指以企业为主体融通资金，使企业及其内部各环节之间资金供求由不平衡到平衡的运动过程。在移动互联网时代，企业通过众筹模式、第三方支付方式、P2P 网络贷款平台、供应链金融及"互联网＋微金融"模式进行融资，将有利于进一步提升企业的金融创新能力，促进企业的健康发展，也将促进地区经济的发展。

第四章 思维创新：互联网时代企业融合融资新思维 ……… 71

时代的发展，带动了经济社会的转变，与此同时，消费观念也在潜移默化中发生了改变，而作为经济活动中的重要一员，企业发展自然也需与时俱进。移动互联网时代的企业新思维，首先需要突破思维定势，用新思维创造竞争优势，落实双赢思维，做好信用管理，认识融资风险。这样才能跟得上时代发展的步伐，也才能不被抛在历史的车辙中。

第五章 融资创新：互联网时代企业融资渠道与方法 ……… 93

融资是一个企业的资金筹集的行为与过程，是经营管理活动需要的理财行为。互联网时代的企业融资渠道包括新三板上市、私募债券、股权交易、首次公开募股、担保公司担保、不动产抵押、融资租赁、银行信贷、民间资金、外资融资等。公司要根据自身情况及未来发展需要，通过科学的预测和决策，选择适合自己的融资渠道，运用正确的方法去筹集资金，以保证公司的正常生产需要。

第六章 众创空间：互联网时代个人创业融资及案例

越来越多的年轻人加入了创业潮，在创业初期，因没有渠道而艰难筹备启动资金。那么个人创业融资有哪些渠道呢？在这里，个人创业融资不仅需要提前做好准备，还要善于借助各种渠道和方式，包括银行贷款、挪用住房贷款、合理选择贷款期限、享受银行和政府的低息待遇、亲情借款、提前还贷等，并在拉投资过程中注意风险防控。

第七章 经典案例：中国五大互联网公司的投资逻辑 ………… 159

商业融合是时代趋势，企业通过融合实现融资和融智，是一种必然的途径和选择。中国五大互联网公司的并购特点是：腾讯贪，一切并购都是为了最大化利用其社交红利；阿里全，玩资本游戏超级拼图；百度狠，目标精准、并购低调，只为完善"中间页"战略；小米直，完全是在学习苹果模式；奇虎360难，虽沦为"抬价侠"却誓欲困境突围。它们的投资并购背后的逻辑值得广大创业者和投资者参考。

第一章 融合之势：互联网金融与资本市场大融合

互联网金融是我国多层次资本市场的重要组成部分，对金融模式产生了巨大影响。本章分析了互联网金融与资本市场的现状，探讨了互联网金融生态系统下的融合创新的各种必然性因素，提出了传统金融与互联网金融融合创新的思想基础和适应性策略，介绍了资本市场的互联网金融主要模式。不仅展现了互联网金融与资本市场日渐融合的大趋势，更强调把握互联网与传统金融融合带来的新机遇、新格局。

如何理解当前的互联网金融和资本市场

中国互联网金融公司的数量从 2013 年 6 月到 2015 年 4 月增幅接近 40 倍，"互联网＋"的指数整体增长 600％。二级市场的议价更高，并推动了一级市场，进一步在反向引导更多的企业以及更多的创业者进入这个领域。同时整个行业高速发展带来的是"大众创业、万众创新"的景象。中国互联网金融与中国多层次资本市场契合了目前国家提出的"互联网＋"与"大众创业、万众创新"的顶层设计理念。

※ 金融行业的互联网化

所谓互联网金融，就是互联网技术和金融业务进行全面交互、关联、延展和创新而产生的一种新型金融模式。它的雏形出现于20世纪90年代中期，以全球第一家纯互联网银行——安全第一网络银行（Security First Network Bank，SFNB）于1995在美国诞生为标志。随后几年，互联网金融开始在欧洲、日本等一些亚洲国家和地区逐渐兴起。

中国互联网金融在2012年掀起发展热潮。2012年，中国银联的交易额是21.8万亿元；中国证券交易所（包括上海与深圳）的交易额是31万亿元；中国工商银行网上银行交易额为330万亿元。通过阿里巴巴进行交易的是普通商品，而通过银联、工商银行、证券交易所交易的是特殊商品，即金融商品，互联网金融以润物细无声的方式进入了我们的生活。然而当时的互联网金融只是金融行业的互联网化，是将部分或者全部金融业务通过互联网来完成，如招商银行的网上银行、易保在线的网络投保、证券交易的电子化等。2013年，中国互联网金融行业出现爆发式增长，该年也被业界称为"互联网金融元年"。进入2014年以来，互联网金融在我国依然呈现出飞速发展的态势，无论在发展规模还是对传统金融业的冲击和重塑方面，都引起了全社会的广泛关注。

深圳互联网金融协会秘书长曾光表示，2015年将成为资本市场和互联网相结合的元年。很多互联网公司为了应对竞争，急需品牌的注入、资本的注入和资源的注入，也需要和包括上市公司在内的一些资本市场主体结合。他指出，互联网金融在整个行业里要迎来一个联盟整合，其中包括建立一级市场和二级市场。一级市场基于互联网的财富管理，P2P 可以定义为资产证券化的平台；二级市场基于海量用户提供征信数据和核心服务的公司、根据已有数据提供供应链金融服务等，就上市公司和投资机构来讲，初期投资一些互联网金融企业，可在体外并购，形成一级、二级市场联动。

※ 互联网金融与多层次资本市场的关系

中国资本市场是多层组成的，大致包括主板、中小板、创业板和新三板，这之下还有上万家的 PE 和 VC，还有越来越多的天使投资人和现在快速发展的互联网金融。可见互联网金融是中国多层次资本市场的组成部分。

一个更有效率的资本市场应该具备四个条件：一是更加容易的市场准入，让人们能够更好地参与市场行为；二是让每一个人知道买卖的是什么；三是降低贸易的成本，推动流动性发展；四是更好的定价。互联网金融符合这四个条件，可以创造流动性，可以推动中国资本市场的发展，会代替很多传统的 OTC 市场（场外交易市场，又称柜台交易市场或店头市场）。互联网金融具备勇往直前的创新精神，而资本市场则是一个创新不断的场所，这两者的融合将推动多层次资本市场建设再上新台阶。

事实上，互联网金融和资本市场两者的互动关系，在现实中不乏其例：某工业区有很多孵化基地，其中有一个很小的，工作人员不到 10 人，资本市场已经估值将近 2 亿元人民币，可以想象资本市场给互联网金融估值是非常大的。事实上，不管是一级市场还是二级市场，对互联网金融企业本身估值非常高，也非常看重。因为互联网金融市场空间很大，增长速度非常快，不管一级市场还是二级市场都给它很高的估值。由此也可以看出现在是互联网金融创业、投资、并购、上市、产业整合的一个非常好的时间点。

❖ 互联网金融当前格局

当前"互联网＋金融"格局，由传统金融机构和非金融机构组成：传统金融机构主要为传统金融业务的互联网创新以及电商化创新、APP 软件等；非金融机构则主要是指利用互联网技术进行金融运作的电商企业、P2P 模式的网络借贷平台、众筹模式的网络投资平台、挖财类（模式）的手机理财APP（理财宝类）以及第三方支付平台等。

中国金融业的改革是全球瞩目的大事，尤其是利率市场化、汇率市场化和金融管制的放松。而全球主要经济体每一次重要的体制变革，往往伴随着重大的金融创新。中国的金融改革，正值互联网金融潮流兴起之时，在传统金融部门和互联网金融的推动下，中国的金融效率、交易结构，甚至整体金融架构都将发生深刻变革。

随着信息通信技术和互联网的发展，互联网金融信息对金融市场的影响已经越来越不容忽视。某一个新事件的发生或网络上对某只股票的热议都在很大程度上影响着金融实践者们的行为，同时进一步影响着股市变化的趋势。另外，在金融市场中，传统金融市场的影响因素同样发挥着巨大的作用。

据《中国互联网金融行业市场前瞻与投资战略规划分析报告前瞻》分析，在中国，互联网金融的发展主要是监管套利造成的。一方面，互联网金融公司没有资本门槛，也不需要接受央行的监管，这是本质原因；另一方面，从技术角度来说，互联网金融虽然具有自身优势，但是要考虑合规和风险管理（风控）的问题。

从政府不断出台的金融、财税改革政策中不难看出，惠及扶持中小微企业发展已然成为主旋律，占中国企业总数98%以上的中小微企业之于中国经济发展的重要性可见一斑。而从互联网金融这种轻应用、碎片化、及时性理财的属性来看，相比传统金融机构和渠道而言，则更易受到中小微企业的青睐，也更符合其发展模式和刚性需求。

当前，在POS创富理财领域，以往不被重视的大量中小微企业的需求，正被拥有大量数据信息和数据分析处理能力的第三方支付机构深度聚焦着。随着移动支付产品的推出，这种更便携、更智慧、更具针对性的支付体验必将广泛惠及中小微商户。业内专家认为，支付创新企业将金融支付彻底带入"基层"，也预示着中小微企业将成为互联网金融发展中的最大赢家，这对于中国经济可持续、健康稳定发展也有着重要且深远的意义。

"互联网＋资本市场"的巨轮正在起航

在2015年"两会"期间，李克强总理在《2015年国务院政府工作报告》中提出了"互联网＋"行动计划，并在3月15日会见中外记者时说过这样一句话："站在'互联网＋'的风口上顺势而为，会使中国经济飞起来。""互联网＋"这一概念在中国转型升级的重要时刻被提出来，将对中国的宏观经济发展产生深远影响，而"互联网＋资本市场"是时代发展的必然要求，资本市场也天生具备"互联网＋"的条件。互联网企业和资本市场都将从"互联网＋资本市场"的政策中大大受益，"互联网＋资本市场"的巨轮正在起航。

❖诱人的政策红利

互联网和资本市场要想融合发展，离不开一定的制度保障，也离不开相关的政策支持。

中国证券监督管理委员会（以下简称"证监会"）在 2015 年 1 月就已经"昭告天下"："推进股票发行注册制改革，是 2015 年资本市场改革的头等大事。"证监会在 2015 年 4 月 20 日提请全国人大常委会一审的证券法草案中，首次从法律层面明确了股票发行注册的申请条件和注册程序，确立了股票发行注册的法律制度。对此，有关专家表示，立法是注册制改革的前提，对包括《证券法》在内的法律进行修改，增加和注册制相关的法律条文很有必要。

除了注册制外，并购重组和新三板方面的政策支持同样会加快互联网企业对接资本市场的进程。2015 年 3 月 24 日，国务院正式发布《国务院关于进一步优化企业兼并重组市场环境的意见》；2014 年 10 月，证监会则发布了《上市公司重大资产重组资产管理办法》和修订后的并购管理办法；新三板方面，同样不乏各种政策的大力支持……

看似与互联网没有直接关系的制度和支持，正在逐渐为互联网行业打开进入资本市场的大门。有分析人士称，新三板是"巨型金矿"，潜力巨大；注册制的逐步确立则意味着互联网企业进入 A 股市场的通道正式开启；上市公司并购亦是互联网企业对接资本市场的有效途径，诱人的政策红利即将释放。

❖证监会为资本市场"开门设宴"

"互联网＋"行动计划提出后，证监会曾明确表示，该计划正是证券行业所需要的。为了支持互联网行业进入资本市场，证监会表示，证券业将降低准入门槛，支持符合条件的互联网行业进入发起设立证券期货金融机构；支持互联网企业改制上市，并购重组，完善治理结构；积极支持符合条件的互联网企业展开场外证券业务；鼓励互联网公司进行资本市场基础设施建设。

"欢迎有意愿对接资本市场、有意愿开展证券期货业务的互联网企业积极了解资本市场，积极参与资本市场。"证监会的一位领导说。可见资本市场正在为互联网行业开门设宴。有分析人士认为，互联网行业企业参与资本市场的路子多了，参与更加便利了，角色也会越来越重要。

其实，资本市场一直都在积极拥抱互联网。证监会在2014年曾提出，要在创业板设立专门层次，支持符合一定条件但尚未盈利的互联网和科技创新企业在新三板挂牌一年后到创业板上市。2014年3月12日，证监会有关负责人在对互联网金融垂直搜索平台融360进行调研后，表示希望融360和蚂蚁金服一起成为第一批在国内上市的互联网金融创业公司。

目前，A股市场还没有互联网金融行业的上市企业，互联网企业、互联网金融企业都需要借助资本市场加速发展，对接资本市场也是其检验自我的需要。

当然，互联网企业展开资本市场业务应注重互惠互利，高瞻远瞩，不能急功近利，尤其要有熟悉合规风控的人才；互联网企业应杜绝恶性竞争，不要试图垄断；互联网企业应加强客户用户和投资者的权益保护，提升运营透明度，让投资人了解风险，不能只讲收益。对此，证监会列出了"互联网＋资本市场"的6条底线：不得非法集资；不得非法吸收存款；不搞资金池；不得非法保本保收益；不搞利益输送；不搞内幕交易。这样的底线很有必要，因为目前资本市场和互联网的对接还处在探索阶段，政策保障还不够完善，对接工作在诸多方面并不成熟，只有确立了必要的底线才能保障两者的健康发展。

❖ "互联网＋" 的创新动力

"互联网＋"已经正式成为国家战略的重要组成部分，"互联网＋资本市场"的各种业务也正逐渐展开。"互联网＋"时代的到来，为资本市场注入了新鲜血液。

互联网除了发挥资本市场信息传播以及制度和支持的解读作用之外，大大提升了资本市场的运作效率，这既是来自互联网本身的积极作用，更是互联网与资本市场对接所引起的一系列化学反应。互联网金融便是最好的例证。

从 2013 年互联网金融元年开启至今，"互联网＋资本市场"的化学反应愈演愈烈，业内人士分析称，互联网公司利用 PC 和手机客户端在理财市场大施拳脚，从承销基金、参股金融公司，到直接向市场发售理财产品，互联网金融正慢慢渗透到资本市场的各个领域。在降低成本、提高运作效率、加大透明度之后，资本市场与互联网的联姻，将为资本市场开辟出一个前所未有的创新空间。

互联网金融生态系统下的创新与融合

互联网金融是互联网技术和思维对传统金融的一场深刻改造，但互联网金融并没有改变金融本身的使命和功能，金融仍是经济活动的衍生品，其使命仍是服务实体经济以及为客户创造价值，其核心功能仍是资源配置、支付清算、管理风险、价格发现等；加上其他因素的影响，更为金融变革提供了历史性契机。因此，与其说互联网金融是颠覆，不如说是融合与创新。

❀ 金融压抑是创新与融合的土壤

中国的金融体系经过数十年发展取得了显著的成就，但金融体系仍面临一些深层次的问题，比如需求和供给不匹配。中国市场的主体仍是普通家庭的大众型客户，他们代表了大部分金融需求，但实际情况是这些客户往往最缺乏金融服务，他们通常达不到 5 万元人民币的银行理财门槛，缺乏股票和基金交易的专业知识和经验，只懂得简单的储蓄；同时又因为缺乏有效的抵质押物和完善的信用记录，难以获得银行贷款。中国客户的庞大需求没能在传统金融行业中得到充分满足，从而构成了金融压抑，这种需求和供给之间的不平衡也成为互联网金融发展的原动力。

事实上，余额宝等互联网金融产品的成功正是这一动力的最佳证明。余额宝目前服务的主要对象是家庭月收入在 1 万元人民币以下、对网络金融接受度较高的近 2 亿客户。而那些家庭收入较低、目前对网络金融接受度还不高的 3.6 亿客户，则代表了互联网金融未来有待填补的巨大空白。

❀ 技术进步是创新与融合的条件

驱动互联网金融融合与创新的一个重要因素是技术进步，这一方面使客户需求更加显性化，更容易被低成本地发现；另一方面也降低了金融产品和服务的提供成本，并提高了效率。这些技术主要指的是移动互联、大数据和云计算，具体分析见表 1-1。

表1-1 驱动互联网金融融合与创新的主要技术

移动互联	移动设备、3G/4G 网络的普及使人们随时随地都可以进行连接,此外,移动设备的各种功能和属性为商业和金融应用打下了良好的基础,例如高分辨率的摄像头可以扫描条形码和二维码;GPS 定位功能可以与基于地理位置的服务及产品轻松相连;网络连接便于人们实时进行各种信息查询、支付和分享活动。移动互联网使商业服务和金融服务得以无形地嵌入人们生活的方方面面,为互联网金融、移动金融的创新和广泛应用提供了基础
大数据	随着信息技术的发展,几乎所有数据都能得到记录和保存,由此产生的数据量是过去的数百倍甚至数万倍,而这些数据正在产生卓越的商业价值。例如,VISA 把发现信用卡欺诈的时间从 1 个月缩短到了 13 分钟,极大地降低了信用卡欺诈带来的损失;车联网数据正在通过精准的个性化定价来重塑汽车保险业。金融行业本身具备丰富的数据资源,但目前对这些数据的利用率依然很低。未来可在了解客户、交叉销售、风险管理等多方面加强数据应用。从长远来看,以大数据分析为基础的信用体系不仅能够运用于金融领域,还能广泛应用于所有需要解决陌生人之间诚信问题的场景。数据的战略地位堪比工业时代的石油,对数据的分析和应用能力将成为最有价值的竞争优势
云计算	云计算是一种通过互联网以服务的方式提供动态可伸缩的虚拟化资源的计算模式。它对互联网金融的意义体现在两个方面:对客户来说,云计算是移动互联与多屏互动的基础。云技术通过对信息的远程存储和处理,降低了对终端的要求,使得基于轻终端(手机、平板电脑)的移动互联成为可能。同时,云平台作为跨终端的存储和处理后台,使同样的内容和应用可以在不同终端之间流畅切换、无缝连接,由此实现多屏互动。对金融机构来说,云计算有助于显著降低运营成本和创新成本。云计算本身是虚拟的主机资源,与传统的 IT 系统相比具有较强的延展性和灵活性,即"需要多少、使用多少",无须巨额的初始投入,而且能够从容应对互联网突发"高峰"事件,因此能够大幅降低中小金融机构和企业的系统投资及运营成本。更重要的是,云计算为金融机构提供了低成本创新和"试错"的基础

※ 客户改变是创新与融合的动力

互联网、移动互联网的普及以及数字化新时代的兴起,已经深刻改变了客户的金融意识和行为。具体体现在以下几个方面,见表1-2。

表 1-2　客户金融意识和行为的改变

自主获取信息并决策	传统金融机构在信息与产品上的权威性以及特许供应的地位已经相对弱化，消费者已日益习惯于主动获取信息，他们更愿意相信自己的判断或朋友的推荐，并且希望决定和主导自己获得的金融服务及投资决策
自主选择接受服务时间	传统金融机构单向规定了金融服务的提供时间，绝大部分金融交易只能在银行等金融机构早9点至晚5点的工作时间内完成。但互联网渠道打破了实体网点对金融服务的垄断，将金融服务的时间从8小时延伸至24小时，客户能够主导和决定他们在哪些时间进行交易
自主选择接受服务渠道	互联网和移动渠道的重要性不容忽视，这必将倒逼整个金融行业发生改变，包括金融服务的生活化、金融服务覆盖客群的下沉、金融服务地域覆盖的拓展等
金融服务的生活化	是指金融服务和产品深度嵌入人们日常生活的方方面面，在客户既有的消费体验中无缝提供金融服务，例如使用手机应用打车，在打车后直接通过手机进行支付并分享红包以及查看电影排期并直接团购电影票、购买大型耐用消费品并直接分期支付等
金融服务覆盖客群下沉	互联网金融的出现使得传统金融服务所覆盖的客户群真正下沉到那些广泛存在却长期受到忽视的普通大众家庭，比如中国民生银行于2014年2月上线的直销银行，其客户的户均管理资产额不到3万元人民币，而余额宝的户均余额更是只有约5000元人民币
金融服务地域的拓展	一般来说，传统基金公司在渠道拓展方面通常只关注北上广深以及部分东部沿海发达省份，基金理财在三四线城市及农村地区几乎是一片空白。而新兴的网络货币基金产品则完全打乱了传统的地域布局。余额宝统计数据显示，截至2013年底，40%的余额宝账户来自三四线城市

❀ 监管包容是创新与融合的环境

2014年3月，国务院总理李克强在《国务院政府工作报告》中提出，要促进互联网金融健康发展，完善金融监管协调机制。这表明互联网金融已进入决策层视野，互联网金融创新在政府层面正式获得认可。此外，监管高层同样对互联网金融表现出支持和规范并重的态度，在"鼓励科技的应用"的同时，未来有些政策会更完善一些。2014年5月推出的央行《中国金融稳定报告》也明确提出互联网金融监管五大原则。可以说，决策层和监管层对互联网金融创新的包容态度是基本明确的。

除此之外，互联网金融的监管架构也已初步成型。参考海外互联网金融监管的实践和电子商务监管的经验，互联网金融监管很有可能在未来几年形成官方监管、行业自律、市场自治的三层架构。官方监管主要指以一行三会为主的监管主体。根据目前的初步分工，人民银行主要负责支付相关业务（如第三方支付）的监管。银监会主要负责P2P的监管，同时在一定程度上与各地方政府合作。证监会则主要负责众筹，尤其是股权众筹的监管。行业自律主要指由行业参与者自发组织成立的协会或机构，其目的包括明确行业发展目标、制定行业规范、促进行业公平竞争等。市场自治主要指建立在顾客评价和口碑基础上的公共评价体系。该体系能够影响顾客决策并规范商家行为，类似于目前电商的评价体系。目前互联网金融领域的市场自治还有待形成。

尽管监管的态度和决心已经明确，但针对具体业务的监管细则仍有待落地，如P2P及股权众筹的监管细则。可以说，互联网金融的创新也是对监管智慧的一次考验。

❈普惠金融创新实践

互联网金融通过应用一系列新技术和新渠道，能够有效降低金融产品和服务的成本，开发新的风险管控手段，从而降低金融的门槛，使普惠金融成为可能。比如在投资理财、小微融资、交易成本节省等方面，显示出普惠金融创新实践方兴未艾，见表1－3。

表1-3 普惠金融成为可能的条件

投资理财	传统理财投资产品往往针对较富裕人群并设置一定的门槛，如银行理财产品通常需要5万元人民币起投，信托产品更是需要100万元人民币起投，同时也为客户设置了线下风险评估、T+1或T+2赎回等一系列规则。2013年以来，以余额宝为代表的互联网基金的出现则彻底打破了这些门槛和规则，实现了理财投资零门槛、零网点、T+0赎回等一系列突破，从而使投资理财的客户在年龄分布、地域分布和交易时间分布等多个维度上实现了拓展
小微融资	小微企业的融资需求具有小、频、急的特点，往往难以从银行等正规金融机构获得贷款。P2P、电商网络贷款等新型互联网金融业态的出现真正将目标落在了难以获得传统金融机构服务的小微企业和个体工商户身上。例如，阿里小贷产品定位于阿里巴巴和淘宝平台上的网络商户，依靠商户在电商平台上的交易流水以及订单等质押品为放贷依据。未来随着我国征信体系的完善，P2P、电商网络贷款等新的业态将迎来极大发展。更重要的是，其数据分析的模式和工具也可以为传统金融机构所借鉴，帮助传统金融机构真正实现小微业务的下沉
成本节省	互联网金融之所以能如此快速地提升各项覆盖率，真正促使普惠金融的实现，一个主要原因是其低成本的模式，比如第三方支付模式。根据央行的统计，2013年底，中国各类第三方支付业务总笔数达到238亿笔，其中支付机构线下收单68亿笔，支付机构互联网支付153亿笔，移动支付17亿笔。如果将线下收单的POS机成本考虑在内，2013年整个第三方支付行业运营成本在250亿元人民币左右。2013是互联网金融元年，那么2014则是"移动支付元年"，越来越多的人选择手机支付、移动支付

综上所述，互联网金融将带来新的竞争，但更重要的是，它将带来融合与创新。通过互联网与金融的深度融合，促进金融行业经营理念、商业模式、运营模式的改革与提升，使金融跨入新的时代。一个全新的互联网金融生态体系将加快孕育形成。

传统金融与互联网金融的融合与创新

互联网金融的本质还是金融，是互联网在金融产业链的运营和渗透，有望促进金融行业整体的改革与提升。随着互联网金融的崛起，一批有别于传统金融机构的金融企业开始成长并壮大，也给整个金融市场带来全新的概念与发展模式，打破了固有的市场格局。

❖2014 年传统金融机构创新举动

迫于互联网金融机构的倒逼压力和转型升级的考虑，传统金融机构更加积极主动地拥抱互联网金融，在 2014 年全年创新举动不断。

2014 年可谓"互联网金融布局年"，从整体战略到机构设立再到创新产品服务，都展现出对互联网金融前所未有的重视和开拓。

2014 年 8 月，中国工商银行提出了打造集支付、融资、金融交易、商务、信息五大功能为一体的全新"E - ICBC"战略，旨在打造较为完备的互联网金融服务和运营体系。

中国建设银行完善了"善融商务"平台，个人商城完成首页改版，进一步突出"精专特优"品类和优质商户，实现了龙卡商城和善融个人商城的全面融合；2014 年 3 月，中国建设银行推出了跨境移动支付产品龙卡电子钱包业务。

中国银行 2014 年加速布局互联网金融，陆续推出"中银 E 社区"、"航运在线通"、"惠民金融服务"等网络金融服务。8 月，中国银行在上海推出首家网络金融产品 O2O 体验店；12 月，推出了 B2B 跨行支付产品。

中国农业银行的互联网金融战略，则以"一大平台 + 四类应用"的战略矩阵展开，重点围绕便捷支付结算和中小微投融资等核心业务，着力构建大数据体系和平台化金融服务体系。

2014 年，继民生银行、兴业银行、北京银行推出直销银行后，包商银行的直销银行"小马 bank"于 6 月 18 日正式上线。"小马 bank"融合了"直销银行 + 智能理财 + 众筹"等主流互联网金融模式，主打互联网综合智能理财概念，受到金融消费者的关注。

2014 年，不仅大型银行布局互联网金融，股份制银行和地方性银行机构也开始加快拥抱互联网金融创新的步伐；不仅银行机构拥抱互联网金融，而且证券公司、保险公司及其他传统金融机构也都在积极利用互联网进行金融创新升级。

❖ 传统金融机构的思维转变

面对来势汹汹的互联网冲击，传统金融机构如何使自己变得更有弹性，如何利用适应性战略取得竞争优势呢？传统金融机构比较习惯自上而下的决策和推广方式，但在互联网时代，更多地需要组织底层或被称作"草根"阶层的一些员工去发现创新机会，由下而上地推动创新，并通过不断的实验、迭代、与客户交流来完善这些创新。

传统金融机构要想在互联网金融竞争中制胜，很重要的一点在于实现思维的转变，需要在组织中深度嵌入一种变革的文化。需要重点要思考以下几个问题：其一，传统优势不能丢，传统金融机构原有的产品专长、风控专长以及线下渠道的优势，一定要变成未来在互联网领域的竞争优势。其二，一定要分清楚，什么业务仍需走规模制胜的路子，什么业务要运用适应性战略。何大勇的建议是，在某些传统业务很难改变的时候，可以维持原有的竞争策略不变；但线上业务部分一定要走适应性战略。其三，传统金融机构一向以稳健著称，把风控作为机构生存发展的底线，在这种情况下要想创造适应性战略，需要试错的优势，即弹性的组织优势。此外，需要分步去执行适应性战略，可以试点先行，取得一定成功后，再用成功的示范去影响组织的其他部门和成员，进而影响整个文化体制机制的改变，逐步推广成功的路径。

※根据自身特点，制定适应性策略

传统金融机构实现互联网或数字化变革通常有三种方式。第一种是针对现有网点、业务和流程的数字化变革；第二种是利用数字化的技术、渠道、产品等去服务新的细分目标客群；第三种是利用数字化的技术完全重构一家金融机构。第一种方式是目前绝大部分传统金融机构正在尝试的，后两种方式目前在国际上已有成功先例，传统金融在互联网领域的创新仍有很大空间。对于不同的金融市场参与者来说，其面临的挑战存在较大差异，因此不同的传统金融机构要有不同的适应性策略。

对于大中银行来说，其思维和机制的转变是核心，大中银行要进入到想要学习区却深感"学不会"或"动不了"的互联网金融领域，需要从银行的数字化洞察、数字化渠道、数字化营销、数字化创新、风险管理、流程管理、技术平台、组织管理八个方面改进，建立真正以客户为中心的数字化战略。

小型银行则要谨防被进一步边缘化，具体可从以下几点着手：一是尽量降低固定投入，以轻资产的方式参与新的竞争；二是通过"抱团取暖"或与大型平台合作等方式由"小"变"大"，弥补规模和渠道的劣势；三是真正立足本地，尽量通过地区特色、创新产品、贴心服务来深耕本地客户，实现差异化经营。

对于保险公司来说，互联网金融的发展虽然带来了客户购买流程、渠道和行为上的变化，但客户对保险作为对冲工具的核心需求没有变，因此，保险企业仍应围绕保险产品的核心进行创新，如利用物联网等数字化工具，对风控手段和产品进行创新，另外在多渠道整合和跨界合作方面也有革新的机会。

基金行业互联网转型目前最为知名的案例莫过于天弘基金与支付宝合作的"余额宝"。这次合作不仅实现了渠道上的突破，同时在产品设计、客户体验流程等方面均实现了对传统货币基金产品的突破。

面向未来，基金公司的本业仍是投资管理，为客户创造价值，因此其互联网转型还是不能脱离产品专长的本质，运用互联网思维和技术不断创新产品应是其关注的重点。同时，基金公司还可以与互联网企业、电商、银行等各方开展合作，以继续拓宽渠道，做大规模。

目前券商对互联网的应用主要集中在渠道和产品的优化方面。在此基础上，未来券商还可参考美国 TD Ameritrade、Charles Schwab 等互联网经纪公司的转型路径，向互联网综合理财平台转型。具体举措包括：丰富产品供应、多渠道整合、建立开放平台等。

P2P 借贷平台本身是互联网金融"去中介化"特质的核心体现，但由于目前国内信用环境不成熟，因此仍以 P2P 结合线下小贷及担保为主。未来的关键变量在于监管环境的完善和信用体系的成熟。这些有利条件一旦成立，P2P 平台应抓住机遇，回归真正的信息中介平台并探索可行的业务模式，成为银行等传统融资渠道的有益补充。

为真正实现垂直化和专业化，众筹生态圈未来不仅将涉及筹资人、平台和出资人三方，还需要适当引入营销机构、法律机构、财务机构和咨询公司等，众筹平台也需要通过建立行业专长，培养投后管理能力，逐步从单一的投融资平台过渡到全方位、综合化的产业支持平台。

总之，传统金融行业与互联网公司的相互渗透，已成为我国金融领域的新现象。金融创新与传统银行相辅相成，在相互渗透与融合的过程中，达到短板互补、集双方优势于一身的目的。互联网技术以及各电商的金融创新，促使传统商业银行也更注重加强自身的金融调整与创新，互联网因素的加入，发挥出了"鲶鱼效应"的作用，为我国金融行业带来新的活力。

资本市场的互联网金融主要模式

目前，互联网金融在国内方兴未艾，对资本市场上券商、基金、期货等经营主体产生了冲击。只有客观认清新技术带来的挑战，从满足客户需求出发，相关机构才能探索出有特色的互联网金融模式。

❈ 影响金融模式的三大要素

互联网金融包含三大要素：客户、金融、互联网。客户是出发点也是终归点，金融产品及金融企业、互联网技术及互联网企业都是满足客户需求的手段、机制或组织形式，具体分析见表1-4。

表 1 - 4　互联网金融的三大要素分析

客 户	在鼎足而立的三角形关系中，客户处于顶端，代表客户需求至上，客户体验至上。从统计学角度看，客户是具有多样性和需求差异性的。从年龄结构特征看，客户分为"60 后""70 后""80 后""90 后"等，处于人生不同阶段，其理财期望值与风险偏好是不同的；从收入水平看，客户分为低净值客户和高净值客户，其金融需求是分层次的，如汇添富基金的"现金宝"分为现金宝、微理财、高端理财三个部分，其中高端理财设定的门槛为 100 万元
金 融	在社会专业化分工里，金融企业的本质是中介机构，风险管理能力是金融企业核心竞争力。不同的金融企业在市场上处于不同的竞争地位，有的是行业领导者，有的是"一招鲜"的特色经营者，有的是追赶者。企业的资源禀赋是有差异的
互联网	互联网的精髓是开放、平等、协作、分享，互联网的工具包括支付、云计算、大数据、搜索引擎、社交网络等。互联网金融是普惠金融，通过互联网技术可以消除金融行业的信息不对称，但在大众金融需求之外还有高端需求，在标准化需求之外还有个性化需求，因此互联网不能取代金融行业的独特性和专业性

目前，券商、基金、期货公司都积极尝试推出网上开户、移动平台、APP 客户端、"7 × 24 小时"服务等，这些都是互联网金融的基础性服务，容易复制，不具备长久吸引力。互联网金融的发展，需要客户、金融、互联网三者结合各自优势和特色，整合不同资源与机制，探索新模式。

❀资本市场互联网金融的三种主要模式

资本市场的互联网金融的主要模式有飞鱼模式、雁阵模式和转基因模式三种。

一是飞鱼模式，即"金融 + 客户"模式。飞鱼生活在海里，但是翅膀赋予了它飞行的能力。飞鱼模式是以金融企业为主导、以存量客户为基础、以互联网技术为工具的模式。

采用飞鱼模式的金融企业（券商、基金、期货公司等）往往都是其所在行业的领导者，实力雄厚，业务种类齐全，如经纪业务、投资银行业务、资本中介业务、资产管理业务、海外业务、期货业务等，具有较大竞争优势。这类金融企业拥有数目庞大的存量客户，例如银河、中信、国泰君安、国信、华泰等券商基本都有三四百万个客户，其中既有"草根"客户也有高净值客户，这些客户都具有一定的投资知识和对金融机构品牌的识别能力。

飞鱼模式有三大特色：其一，金融企业"以我为主"整合资源，充分发挥专业优势。例如，海通证券通过子公司海通开元入股91金融；广发证券通过子公司广发信德并购P2P企业投哪网30%股权，利用广发基金的"钱袋子"创新投哪网的融资业务，建立了以券商为主导核心的股权关系纽带。其二，主动向互联网靠拢，既能防止存量客户流失，又能通过互联网工具来吸引增量客户。例如，华泰证券提出了"万三网上开户"，以低佣金吸引场外增量客户，并以资讯服务留住场内存量客户。其三，借鉴互联网企业"入门免费、服务付费"的商业模式。金融业务的本质是金融企业通过自身的风险管理能力为客户理财，"玩家免费、赢家付费"是适应互联网金融的正道。

2013年初，部分券商开始"涉水"互联网金融，尝试设立网上商城，如齐鲁证券在淘宝网开设的"齐鲁证券融易品牌店"、长城证券在腾讯开设的"长城证券拍拍商城"、方正证券在天猫开设的"泉友会旗舰店"、长江证券在天猫开设的"长江证券旗舰店"等。之后，各券商努力打造平台生态圈，如国泰君安证券的"君弘金融商城"、海通证券的"e海通财"、广发证券的"易淘金"、华泰证券的"涨乐网"等。综合网上开户、理财产品、基金产品、信托产品、资讯服务、投资顾问服务、投资工具推介等业务，大券商一般都采取官网加商网的双平台模式。

二是雁阵模式，即"互联网＋客户"模式。这是以互联网企业为主导，以海量客户为基础，以金融服务为补充的模式。头雁的领航作用和优势地位是无可取代的，后面跟随了银行、保险、证券、基金、期货、P2P、众筹等诸多产业线或产品。

采用这种模式的互联网企业以 BAT（百度、阿里巴巴、腾讯）为代表，它们拥有海量的客户群和访问量，打造了开放的商业生态体系，拥有大数据和云计算的能力。例如，百度金融中心联合中证指数公司和广发基金发布了中证百度"百发100"指数，数据编制方法采用了互联网大数据技术。

雁阵模式的特色主要有两方面：一方面，互联网企业"以我为主"整合资源，以互联网思维进行跨界创新，建立以互联网企业为主导核心的股权关系纽带。例如，余额宝是阿里巴巴与天弘基金合作的成功典范，阿里巴巴持有天弘基金51%的股权；腾讯与国金证券排他性合作推出"万二开户"和互联网投顾平台，两家公司的民营股东背景也为其将来的股权合作带来了可能。另一方面，金融企业是单一平台，BAT 是平台生态圈，得"草根"者得天下，互联网商业的优势是长尾经济。例如，腾讯建立了 QQ 理财平台，目标是打造一个基于 QQ，集证券开户、交易、营销、客服、互动、社交传播于一体的金融服务平台。该平台与多家券商合作，首批接入的券商有中山、华龙、西藏同信、广州、华林。

从雁阵模式的内涵看，互联网企业比金融企业有更广阔的天地，BAT 不仅与券商、基金、期货公司合作，还涉足银行、小微贷、P2P、众筹、第三方支付等众多领域。以百度为例，该公司推出了百付宝、百度钱包、百度金融中心、百度理财、百度小贷等多种产品。

三是转基因模式，即"金融＋互联网"模式。转基因模式是以小型互联网企业与小型金融企业合作为基础、以创新为手段吸引潜在客户的模式。所谓转基因，顾名思义，就是互联网企业与金融企业的充分合作，导致不同基因的融合与突变，从而诞生新"物种"。

转基因模式的特点是采用该模式的金融企业和互联网企业在各自行业内都不占据整体优势，但是在某一产品线或某一利基市场具有相对优势。这些企业的客户不熟悉金融产品和服务，不了解金融企业品牌，或者具备一定的金融专业知识，但是对企业品牌忠诚度不够，迁移成本低。同时，相关互联网企业只能有效满足客户的某一种需求，总体上对客户黏性不足。

转基因模式的目标是通过中小型金融企业与专业网站或者特色网站的合作，提高金融技术和入口流量，独辟蹊径，实现共赢。例如，东海证券在Wind 金融资讯终端上开设旗舰店，推出了"东海债券通"，通过微信、iBond通通聊天工具、APP 等专为债券交易人员服务。其他案例还包括方正证券与在全国拥有 11 万家网吧客户的平台运营商顺网科技的合作以及东吴证券与金融数据服务商同花顺的合作。

转基因模式活跃在产业边缘和创新前沿，它的成功必然反映在商业模式或组织形式的更新换代上，虽然难度不小，但最值得期待。这种模式的精髓是共同创新，并在创新中争夺主导权。例如，中山证券与腾讯合作，推出"零佣通"和"小贷通"，后来更改为"惠率通"和"小融通"，把复杂烦琐的股票质押、融资融券业务做成了网上"一站式"服务；汇添富基金与多家互联网企业合作，其中与腾讯财付通合作推出了微信理财通，与苏宁合推易付宝，与新浪、网易合推汇添富现金宝，与中国电信合推汇添富添益宝；"门户网站＋社区＋数据终端"的东方财富网从垂直型财经平台起步，依靠其专业性吸引了高质量客户，并保持了高黏性，旗下的天天基金网与 70 多家基金公司合作，打造了基金代销的盈利模式；金斧子网站从证券经纪人及理财师入手，打造了信息量大、交流及时、专业性强的股票问答社区，用户数逾 200 万个，将券商经纪业务通道化、隐身化了。

互联网的运作特色包括入口流量、平台化社群化组织、客户体验等内容。因此，飞鱼、雁阵、转基因三种模式在商业模式、组织架构、企业文化等方面都面临不同的挑战。此外，政策监管是一个不可忽视的因素，即将出台的相关指导意见会兼顾风险防范与创新，对互联网金融的定位和发展方向给出监管规范。

第二章　融智之重：互联网时代智慧企业的必然选择

"智慧"无处不在。21 世纪以来，我们听到了一系列与智慧相串联的新名词，例如智慧政府、智慧民生、智慧网络、智慧产业、智慧地球、智慧城市等。在市场竞争环境日趋激烈、信息技术发展日新月异的今天，企业要想获得持续发展，必须融合多方智慧，提升对企业内外部信息的处理能力和对数据价值的发掘能力，以迅速有效地沉淀"知识资本"，打造核心竞争力。

推进"两化融合"，让企业更"智慧"

所谓两化融合，是指工业化和信息化的高层次深度结合，走新型工业化道路，其核心是信息化支撑，追求可持续发展模式。实现"两化融合"，可以打造企业"最强大脑"，让企业更"智慧"。

❖推进企业两化融合过程中获得的经验

2009 年，工业和信息化部批准了珠江三角洲地区、上海、重庆、南京、青岛、广州、唐山（曹妃甸）、呼包鄂乌地区（呼和浩特、包头、鄂尔多斯、乌海）作为国家级两化融合试验区。各试点企业在工业和信息化部的统一部署和领导下，逐步开始两化融合体系的导入工作，在贯标服务机构的辅导下，越来越多的企业开始在两化融合中进行了实践与尝试，到 2015 年初，已经有 200 多家企业按照企业的实际情况建立了两化融合管理体系，并且通过了认定机构的认定推荐。已经完成管理体系导入的企业，经过体系发布、试运行、内部审核、管理评审等阶段工作，取得了可喜的成绩，在两化融合的道路上已经迈出了坚实的第一步。

经过这些年的发展，各试验区形成了一些初步经验，见表 2 - 1。

表 2 - 1　两化融合的经验

围绕中心，服务大局	各试验区把两化融合工作与应对国际金融危机和"保增长、扩内需、调结构、惠民生"的中心工作紧密结合起来，与落实产业调整和振兴规划、转变区域经济发展方式、构建现代产业体系紧密结合起来，探索实践新的发展思路、发展模式，对推动工业整体向好局面的形成做出了重要贡献
抓好项目，以点带面	各试验区把支持建设具有引领和带动作用的重点工程项目作为抓手，通过试点示范，发掘和培育了一批两化融合的典型企业和典型项目，带动了整个区域经济的发展
搭建平台，完善服务	各试验区通过建设面向区域内的专业领域、产业集群等信息化服务平台，提供专业化的信息、技术、咨询服务，提高了区域内工业企业，尤其是中小企业的经营管理水平

加强领导，创新机制	由各省市领导挂帅的领导小组以及工业和信息化主管部门牵头、联合企业相关政府部门的工作体系建设，增强了工作推进力度。有的地方把两化融合列入全市重点工作，形成了市、区两级政府主管部门和相关主管部门通力协作，上下齐抓共管的工作局面
多方联动，共同推进	企业是两化融合的主体，推进两化融合，除了企业的积极主动，还需要政府的引导和支持，专家、行业协会和中介机构的积极参与，IT企业和电信运营商的配合。要发挥各方面的积极性和创造性，分工协作，密切配合，官、产、学、研、用协同推进，形成工作合力

❖ 加快推进企业信息化和工业化深度融合

2015年1月27日，国务院新闻办公室就2014年全年工业通信业发展情况举行发布会，宣布将采取四项措施推进"两化融合"：一是实施智能制造试点示范专项行动；二是深化工业和互联网的融合，打造工业互联网；三是推进两化融合管理体系标准的研制、发布和国际化；四是尽快使两化融合能够在民生领域得到更大推广。

在2015年3月5日于北京召开的十二届全国人大三次会议上，李克强总理在《国务院政府工作报告》中提出"中国制造2025"产业发展战略。目前，全球正在发生一场以工业化与智能化融合发展为主要特征的新一波的产业革命，"中国制造2025"的核心是借助信息技术的深度应用，重整工业产业链，其目的也是通过促进工业化与信息化的深度融合推动我国从"制造业大国"向"制造业强国"迈进。

从这些年的发展实践来看，两化融合的贯标导入可分体系建立、体系实施、体系认定以及体系保持和改进四个阶段。前三个阶段属于两化融合管理体系的建设期，在企业高层领导的重视下，在各部门的支持下，克服各种困难，可以按照打一场攻坚战导入体系，第四个阶段则必须通过持久战才能有成绩。进入到第四阶段后，关于两化融合管理体系的保持和改进，主管两化融合的企业主管人员容易产生困惑。

其实，体系的建设过程中已经根据企业发展战略明确竞争优势，根据竞争优势确定拟打造的新型能力，依据拟打造的新型能力制定长期和阶段目标，在为实现目标开展各项工作。为了保证目标的实现，管理部门首先应按监视与测量的相关程序文件要求，对企业各项两化融合工作过程进行审核，以数据、技术、业务流程和组织机构四要素为抓手，以内部审核、考核为手段，对两化融合的各项工作常抓不懈，并将其作为企业的常态化工作，促进企业工业化和信息化的深度融合。审核的重点是执行过程的检查，也就是检查日常工作是否按照程序和作业规范去做了，可采用集中审核和滚动式审核的方式，按照部门或项目检查各项工作的执行情况，确认体系的正常运行，并取得预期效果。

两化融合是全新的体系，企业在消化吸收和自有管理体系的融合过程中也容易产生各种不适应，体系建立过程难以一次到位，所以企业两化融合的推动者，一方面需要在现有管理体系下推动体系要求的严格执行，另一方面要不断审视体系文件的合理性、可操作性，并组织对现有体系进行修订，包括对程序文件的增、删、改工作，而这种工作必须建立在执行和检查的基础上，根据审核、检查的结果，分析是执行的问题还是体系本身的问题，并制定相应的措施。如果是执行不力，依据考核体系考核；如果是体系不完善，则修订完善体系文件。

两化融合的最终目的是提升企业在信息化环境下的可持续竞争优势，这种竞争优势的提升必须体现在两化融合目标的实现上。经过体系的建设过程明确两化融合的长期目标和阶段目标，目标经过层层分解落实在两化融合项目和各项业务工作中，根据目标和体系要求，制定出相应的监视与测量指标。对指标进行常态化监视和测量，确认保证最终目标的实现。

在目标的实现过程中评估与诊断是关键步骤，企业可以依据工业与信息化部两化融合服务平台提供的评估与诊断的平台进行诊断，最好是建立企业自身的评估诊断程序，从基础建设投入，包括两化融合的人、财、物的投入。两化融合应用情况包括信息技术在企业的各项活动中的运行情况。两化融合效益情况包括社会效应和经济效益的提升和改善。评估体系建设过程中，企业应依据信息化环境下的竞争优势需求和拟打造的新型能力，参考监视测量的历史数据，聘请外部机构进行管理诊断，建立并不断调整评测体系。如果不能建立一套适合企业的评估体系，就不能准确找出企业两化融合的关键点和问题点，也无法准确了解企业两化融合的进程和发展阶段，更无法将两化融合的成果和经验准确地表述和共享。所以，建立两化融合的评估诊断体系，是企业两化融合贯标的持续改进和促进企业工业化和信息化深度融合的必要工作。

两化融合体系导入以后，仅是引进了企业进行两化融合的方法论，是否能促进企业自身竞争力优势的保持和效益提升，其关键的几项工作分别是不断调整体系和企业实际管理需要，形成与企业战略要求相匹配的管理体系文件；保持常态化的运行体系；建立企业的自评估体系，评估企业两化融合目标的实现情况以及信息化环境下竞争优势的保持情况，使高层管理者能够依此做出正确决策，带领企业实现产业转型升级，实现企业信息化和工业化深度融合，促进企业竞争力和效益发生新的飞跃。

总的来说，信息化与工业化将在更大的范围、更细的行业、更广的领域、更高的层次、更深的应用、更多的智能等方面实现彼此交融。对企业来说，两化融合将从单个企业的信息化向产业链信息化延伸，从管理领域向研发设计、生产制造、节能减排、安全生产领域延伸。从层次来看，两化融合不只是停留在技术应用层面，还将引发商业模式创新甚至商业革命，催生更多新兴业态。企业生产经营各个环节的智能化水平会更高，将涌现出一批"智慧企业"、"智慧行业"、"智慧产业"。

疏通信息流，实现从智能制造到智慧企业

智慧企业能实现企业内外部资源的动态配置，促进微观商业模式创新和宏观产业升级，是企业组织进化的最高形态。但无论是智能制造还是智慧企业，企业在疏通内部信息流上都面临着许多挑战。

❖ 企业内部信息流存在的问题

在两化融合背景下，中国企业对信息化的意识明显提高。但许多行业在推进信息化进程时仍处于摸索阶段，缺乏成熟有效的方法论指导。同时，成长型企业和传统型企业在信息化建设中凸显出明显的差异。新成长起来的企业由于有信息化的时代背景、技术装备智能化水平高且现代管理意识强、信息化的建设起点高，其信息化建设有明显优势和效果；而传统企业由于管理和信息技术基础相对薄弱以及产品板块的复合性，重大信息工程建设相对

滞后。

除了信息工程建设滞后外，信息编码不统一导致的资源分散，也是当前存在的问题。目前在央企中，石油系统和国家电网都有编码系统和主数据管理系统，但在大部分企业中，统一的编码体系和主数据管理系统的建设并不理想，目前只有流程性企业如石化行业在这方面做得比较好，其代表是中国石化下属的石化盈科。MDM（主数据管理平台）的建设难度大于 ERP 系统，石化盈科应该算是比较成功的案例，但仅物资编码一项，累计投入就有几千万元。只有建立了统一编码体系和主数据管理系统，才能真正盘活信息资源，实现全面分析企业信息资源，为业务系统整合与信息集成应用提供支撑。

❖ 采取有效对策疏通信息流，构建智慧企业

针对存在的问题，企业要疏通内部信息流，应该致力于"数字神经系统"建设，通过信息化手段提高企业的感知能力、反应速度和管理决策智能化水平，以此构建智慧企业。具体来说，需要采取以下对策：

一是建立互联网思维。在互联网时代，企业需要互联网思维，要用互联网思维创新企业的商业模式，以实现信息价值最大化。例如，采用互联网众包、众筹模式解决技术和产品研发难题；采用互联网金融模式解决融资难问题；通过微博、微信等开展网络营销，采用 O2O 模式扩大产品销路；开发能够接入互联网的产品，使产品能够远程控制、远程监测，提高产品附加值，促进产品服务化。

二是提高生产经营的智能化水平。在研发设计方面，应用 3D 打印、智能仿真等技术。在生产制造方面，采用工业机器人、工业物联网技术，提高生产效率，减少用工需求。在经营管理方面，采用 BI 系统或企业经营"仪表

盘"系统，让企业负责人像驾驶汽车一样驾驭企业；建立知识库、知识管理系统和 E－Learning 系统，使企业知识不断积淀，管理层和员工可以快速掌握有关业务知识。在市场营销环节，对销售数据、客户数据进行大数据分析，及时调整市场营销策略。

三是通过融合信息链产生创新。企业信息化所涉及的信息链主要可以分为资金链、供应链、生产链和管控链。这四个链条，每一个链条都可以深耕，同时也需要实现融合。对企业信息资源进行整合，建立统一的信息平台，消除信息孤岛，推动各业务信息系统的互联互通，实现部门之间、集团总部和分支机构之间、产业链上下游企业之间的信息共享。疏通研发设计、生产制造、经营管理和市场营销等各个环节的信息流，建立起一个从设计到销售再到设计的"信息闭环"，实现对市场的快速反应。

"PDCA" 循环管理是智慧企业的基因密码

循环管理是综合循环系统、管理的封闭原理、管理控制、信息系统等原理形成的一种管理方法。它把全公司的供、产、销管理过程作为一个循环系统，并把该系统中的各项专业管理如采购、生产、成本、销售、质量、人事、安全等作为循环子系统，使系统和子系统内的管理构成连续封闭和回路且使系统活动维持在一个平衡点上；另外，面对变化的客观实际，进行灵敏、正确有力的信息反馈并做出相应变革，使矛盾和问题得到及时解决，决策、控制、反馈，再决策、再控制、再反馈，从而在循环积累中不断提高，促进企业超越自我不断发展。

　　循环管理可以说是一种智慧管理，因而也是智慧企业基业长青的基因密码；而实现循环管理的有效途径则是采用"PDCA"循环管理法。

　　❖ "PDCA" 循环管理法解析

　　PDCA，P（Plan）表示计划，D（Do）表示执行，C（Check）表示检查，A（Action）表示处理。"PDCA"循环管理法有两个特点：一是循环前进，阶梯上升，也就是按 PDCA 顺序前进，就能达到一个新的水平，在新的水平上再进行 PDCA 循环就可以达到一个更高的水平。二是大环套小环，即 PDCA 的四个阶段，每个阶段都可以有它本身的小 PDCA 循环。

　　"PDCA"循环管理法是怎样实现循环管理的呢？

　　一是 P 阶段，这是制订计划的阶段，是一个循环的开始阶段。万事开头难，这是整个循环最重要的阶段，大到一个企业的长远规划，小到一个部门的工作计划，都要求计划制定者有前瞻性思考，对全局有良好的把握，计划不是凭空想象，这就需要制定计划前进行详细的现状调查，把握全局，给出能够实现的目标值和期望值。当然，计划阶段还包括对面临的困难有充分的认识，分析各种问题产生的原因，提炼总结众多原因中的主要原因，从找出的主要多数和关键少数入手，逐项制定出具体对策。直到影响计划实施的每个主因都明朗了，都有一整套的应对措施了，计划阶段才算完成。

　　二是 D 阶段，这是实施阶段，是循环管理的中间阶段。在这个阶段应该注意几个问题：第一是谁来做的问题。不是你做、我做、大家做，这样做分工不明确，容易造成重复作业，资源浪费。对于任何一个计划，都要做到分工到人。第二是做什么，就是要明确目标，按照实施对策一步一步执行。第三是怎么做，就是要集思广益，用最少的时间和最小的成本得到最好的结果。

三是 C 阶段，这是检查阶段，是循环过程中的反馈阶段，没有检查就不知道与目标的差距，没有检查就不知道问题出在哪里。检查阶段可能出现两种情况：一种是达到了预期的计划目标，说明计划工作已经顺利实现，可以进入巩固提高阶段。另一种是没有达到预期目标，所以需要返回前面几层查找原因，重新进行循环，直到达到目标。在企业实施的某个循环管理过程中，这种内部小循环反复过程是非常有用的，它为整个计划过程形成循环提供了很好的经验积累。每一个反馈环节都是一次探索和发现的过程，每一次反复都使得整个过程向着目标的方向良性发展。

四是 A 阶段，这是整理提高阶段，是整个循环过程的结束阶段，也是一个新的循环的开始阶段。计划完成后，应该有很多东西需要总结提高，这个阶段应把获得的成绩纳入规范成为新的标准或目标，把需要继续提高的东西纳入新的循环。就这样，通过 PDCA 的不断循环，管理就从一个循环走向另一个更高的循环。

◈ 企业如何建立"PDCA"循环管理

从上文的解析可以看出，"PDCA"循环管理法是实现循环管理的一种很好的工具，它的每一个循环都在为整个循环做铺垫，使管理真正达到了缜密、实效。企业要建立一个高效的"PDCA"循环管理，关键就在于以预测、计划和预算为源头，建设高效的战略层、准确的管理层、精细化的运营层和灵活的信息化体系。

一是具有前瞻性的计划和预算。精细计划和全面预算是一种公司整体规划和动态控制的管理方法，是对公司经营活动的一系列量化的计划安排，是一个企业管理过程的基础环节，是企业进行管理提升的首要工作。

不少具有远见卓识的企业越来越强烈地意识到，我们所生活的时代存在极大的不确定性且相当善变，商业世界也是如此：新政策的不断出台与现有政策的进一步完善、市场及经济环境的复杂多变、新兴人才的稀缺与流动、滚雪球式增长的数据等。企业在不停变化的环境中运作已经成为常态，这迫使企业必须比以往更具前瞻性，因为无论是谁都没有办法逆时代而行，企业也不例外。毫不夸张地说，缺乏计划和预算的企业犹如坐井观天，无法做出明智的决策。

二是高效的战略层。对企业高管而言，"战略"这个词并不陌生，但它就像矗立在眼前的一座山，明明看着不远，却总也无法抵达。之所以出现这样的结果，往往是因为企业没有制定一个符合自身发展的战略。

企业战略是指企业发展方向和发展思路，包括公司战略、业务战略、组织战略、职能战略、实施战略等。一个企业发展战略不清晰，会极大地影响决策。而对集团型企业而言，除了企业战略，还必须具备能保证战略有效执行的集团管控。集团管控是指大型企业的总部或者管理高层为了实现集团的战略目标，在集团发展壮大的过程中，通过对下属企业或部门采用层级的管理控制、资源的协调分配、经营风险控制等策略和方式，使集团组织架构和业务流程达到最佳运作效率的管理体系。为了保证战略实施和职能战略的实现，就要设计和优化与战略匹配的组织集团管控体系，使企业战略真正贯彻执行。

三是精准的管理层。有了清晰的企业发展战略以后，要有非常清晰的资源做配置。企业要发展，就要从多方面管理整合考虑，要有集团财务、企业人力资源管理，要有各种各样的财务和资金管理手段，通过解决各环节的业务问题及管理问题，达到企业资本运作管理的水平。

集中财务管理是指打破传统分散式财务管理模式，顺应集团企业集中财务管理趋势，建立一套在整个公司（包括集团及所属各类机构）范围内运作的统一、集成、灵活、高效、可分析的集团财务信息管理系统平台，使其成为企业重要的经营决策和管理工具。管理模式上支持在整个集团内实现集中监控、集中管理的转变，帮助集团提高运作效率，实现集团企业利益最大化。

企业人力资源管理是企业管理的一个重要组成部分，是为了实现企业战略目标，通过一整套科学有效的方法，对企业全体人员进行的管理，包括对人力资源进行有效开发、合理配置、充分利用和科学管理的制度、法令、程序和方法的总和。

四是精细化的运营层。具备了管理智慧后，企业面临的是如何开展业务、实现发展的问题。这就需要企业在原有的业务模式下引进创新机制，实现商业模式的改变，拥有流畅的业务流程和有效规范风险的内部控制。

业务流程管理是企业规范化管理的必经之路，是一套达成企业各种业务环节整合的全面管理模式，构成了整个企业运营管理的核心，企业的采购、生产、制造、销售以及分销、物流、供应链管理等过程，都属于业务流程管理。业务流程管理顺畅与否、高效与否直接决定了组织执行力。若缺乏执行力，再好的企业战略也于事无补。

内部控制是立足于国情和企业现状，围绕企业发展战略、业务流程、风险点和控制点、信息化要求等多方面，以防范风险、有效监管为目的，基于管理提升，全方面、全方位和多体系地对企业经营各环节实行全面风险管理的过程。

五是灵活的 IT 支撑层。信息管理层是企业整个管理的数字化过程，上承接战略、下理顺运营，它是能进行信息收集、传递、存储、加工、维护和使用的系统。其主要任务是最大限度地利用现代计算机及网络通信技术加强企业信息管理，通过对企业拥有的人力、物力、财力、设备、技术等资源的调查了解，建立正确的数据，加工处理并编制成各种信息资料及时提供给管理层，以便他们进行正确的决策，不断提高企业的管理水平和经济效益，是提高企业管理水平的重要手段。

总之，"PDCA"循环管理是企业赢得先机的法宝，它可以显著改善企业管理系统的功能，提高企业运行效率。如果一个企业的每一个计划的制定、实施都能够按照 PDCA 法，事事循环，环环紧扣，那么这个企业必将在竞争中立于不败之地。

打造智慧型企业，需要有智慧的企业家

一个企业的成功肯定是团队的成功，一个企业的失败首先是领导的失败。所以，作为一种"有之未必然，无之必不然"的命题条件，企业好与不好，肯定得先从领导身上找原因。打造智慧型企业，无疑需要有智慧的企业家；而企业家的智慧，则来源于自身多方面的努力。

❖ 企业家的智慧

高明的企业家知道，经营企业其实经营的是人。他创建企业，是创建平台，让跟随他的人在这个平台上实现自己的梦想。

高明的企业家知道，经营企业，其实经营的是团队。老板不仅要自己强，更要让团队强。团队强，企业就强；团队弱，企业就弱。老板靠单打独斗无法获得企业的长足进步。所以，我们经常看到一个企业老板很强，企业却发展不起来。

高明的企业家知道，经营企业，其实经营的是神秘感。一家企业之所以有神秘感，是因为别人看不懂，即使看懂了也用不出来，所以只剩下羡慕的份了。如果仔细研究，就会发现宝马汽车经营的是神秘感，劳斯莱斯经营的是神秘感，法拉利经营的也是神秘感——这些企业，如果哪天神秘感不存在了，企业也许就灰飞烟灭了。

高明的企业家知道，经营企业，其实经营的是人性。人性的表面背后总隐藏着一些不被一般人所知的答案，这些答案被高明的企业家所察觉，悟出，而那些不高明的企业家总是雾里看花，不得真法。

要参透人性，需要企业家具有足够的智慧。但并不是所有人都有这种智慧，否则也就不会出现企业发展速度的差异了！

◈企业家如何提升智慧力

企业家的智慧是天生的、后天领悟的，还是高人指点的？这些都有可能，但关键还是自身的努力。我们说"智慧"无处不在，而中国传统文化中的"智、信、仁、勇、严、知"六德，则是企业家智慧的基本来源。只有具备了六德的经济人才，才能在经济活动中发挥出良好的作用，才能成为高水准、大智慧的企业家！

所谓智，就是智慧，对于企业家来说，智慧就是战略、谋略、商业模式。作为一个企业领导者，手中把握的是企业生存、发展的命脉，如果没有过人的智慧，那么他所带领的企业前景必将黯淡。"知识就是力量"这句话里包含着"知"与"能"，而"智"正是让我们正确地把知识运用到管理之中，并把它转化为力量发挥能量，而企业领导者则恰恰需要运用自己的智慧合理地管理和利用资源，使之发挥能量为企业所用。

所谓信，乃自古经商之道。中国历来有很多店铺中书有"童叟无欺"字样，以取得顾客信任。传说中国古代季布很守诺言，故有"得黄金百斤，不如得季布一诺"之语（《史记·季布栾布列传》）。从某种意义上讲，企业家在企业中的一言一行，已经不单纯是一种个人行为，而是代表着一种企业行为。"信"是为人为事之根本，"信"虽无形，但却是一种宝贵的财富。

所谓仁，乃中国儒学中最基本的一个观点。仁能附众，企业家得到大家的支持、把众人团结到自己的身边，是必要的也是必需的。管理中的"仁"更多的则体现为一种"双赢"，即企业赢得管理，员工赢得利益。

所谓勇，就是勇于决断，善于决断。企业家如果没有迎难而上、乘风破浪、历险前行的"勇"，就无法带领企业团队有所作为。管理中的"勇"并非独立存在，而是与"道"和"智"相辅相成。何为大智大勇？难不畏险，进不求名，退不避罪，即为大智大勇。管理是一条艰险的路程，当遇到困境和非议时需要"勇"，就是不畏艰难险阻，始终坚持正确的方向前进；当工作中取得成绩之时同样需要"勇"，就是不居功、贪恋名利；在工作中遭遇失败时更加需要"勇"，不推脱责任，能够反省自己承担并改正错误。

所谓严，就是管理企业需要严明纪律。中国有句俗语叫做"军令如山"，意思是军令就如大山一样威严、庄重、不可侵犯。也正是有了这样严格的纪律，军队才可以统一领导、统一指挥、统一号令，在战场上才可能所向披靡，此是为将之道。对企业而言，只有严格遵守规章制度，才能使企业上下井然有序，保证工作任务的完成。赏罚公正分明，能促使企业员工努力工作，不做对企业不利之事。

所谓知，就是学习力，这是企业家的必备素养。在当前，有些企业领导者追求所谓事业的成功，整日忙于交际应酬，基本不读书，以至于知识匮乏，见识肤浅，这根本谈不上智慧、感悟和境界；有些企业领导者缺乏责任心更缺乏爱心，处处只为私欲处心积虑；也有些企业领导者为了物质最大化而不择手段，有时甚至置国家法律与社会道德于不顾，更谈不上施仁于社会、施仁于人民；也有些领导者最初的人生目标实现后，失去理想和信念，没有了人生信条，没有了勇敢之心，没有了前行动力。建议这些人去学习一下，像马云、柳传志、俞敏洪也都在学习，我们有什么理由不学习，不进步呢？

智慧是企业家的基石。能够比别人发现得多、反应得快、推理更有效，能密切结合自己生活中所学到的知识等，这些能力可以把人才吸引到企业里来，并形成坚不可摧的力量。当然，企业家只有智慧是远远不够的，还必须将智慧运用到现实世界，运用到日常活动中。

聚会高端人才，用智慧点亮企业

高端人才主要指"三才"，即帅才、将才、专才。这种人才也有"三高"特征，即身价高、对企业的要求高、流动频率高。他们对企业的贡献和影响往往很显著，可一旦离职给企业带来的损失也不小。因此，高成本引进高端人才后，企业要怎么管理才能使人才融入企业，与企业的战略目标保持一致？

要怎么用、怎么留才能使人才发挥最大效能？这是企业在不同发展阶段都要面对的问题。

❖ 引进高端人才：企业"伤不起"

高端人才或"身怀绝技"，或拥有大量客户和市场资源，或有独特的经营和管理智慧，是企业的核心骨干或高层管理者，是企业在不同发展阶段都需要的人才。

一家上市化工企业发展壮大后，有了管理上台阶的需求，于是不惜成本引进了一批同行业标杆企业的外籍专家。但是，表面上的语言沟通障碍实质是文化价值观的差异，一两年后，引进的外籍专家除了几个技术方面的还继续留在岗位上，其他人早已因种种理由离职了。后来这家企业又改变策略，自己培养高端人才，以国企的资源优势、市场化的薪酬水平招聘了一批博士毕业生进行定向培养，培养周期是 5 年。后来，这家企业在管理方面实现了质的飞跃。可见，无论是引进高端人才还是自己培养，企业都需花费巨大的成本。

现实中，高端人才的引进和培养并不是"种瓜得瓜，种豆得豆"的事情，投入和产出往往并不对等。高端人才和企业的"联姻"经常出现三方面的问题：一是引进人才难以融入原有的企业文化和管理环境，感觉难以发挥才干；二是企业觉得高价请来的人才的表现低于预期；三是高端人才离职或者带领团队集体辞职给企业带来实质伤害。

某大型央企集团的财务公司是在企业重组整合过程中新成立的，但其所在的行业是市场化程度非常高的金融行业。于是，公司大力引入了一批市场上相对成熟的行业高端人才。引进的人才业务都很熟练，公司运营很快步入正轨。但是，"悲剧"发生在一年之后。引进的人才集体辞职，这一拨人才的流失率达到80%。这对公司的影响无疑是巨大的。公司高层、人力资源部门和专业顾问都在反思原因，最后将答案归结为"文化冲突"。该财务公司身处金融行业，这个行业的市场化程度非常高，行业的成熟人才早已形成了这一行的职业习惯，比如高效、专业、结果导向、直击目标等，并且也已经适应了外资银行、基金公司等金融机构高效率、分工精细的工作环境。但这家财务公司在央企集团大体制下无可避免地存在一些工作中的繁文缛节，比如，原来一封电子邮件便可解决的问题，在这里却要用格式化的公文上下传达数次，这使得这些本来从事专业工作的人无法投入全部精力在工作上，甚至有伤他们的专业主义。当大多数人都感受到这种冲突，并且认为无力改变时，便发生了集体辞职事件。

企业引进高端人才的初衷，是希望改善企业原来的管理文化，但这却又常常成为企业和引起人才的冲突点，而且是最难调和的矛盾之一。

※转变人才观：变锁住人才为留住知识

企业引进高端人才，其实要考虑，是要引进来一个人还是引进一种新的观念、新的文化；是要高端人才立马替企业解决具体问题还是基于战略目标、战略需求来引进高端人才。进行高端人才引进和管理时，企业要想清楚三件事：一是究竟是引进一个人，还是引进一种企业需要的理念、知识。其实，引进人才如果能带来一个观念的转变就足以使企业获益。比如企业引进一个曾在政府部门任职的人才，他可能就会带来开阔的视野和一种战略格局思维；引进一个标杆企业的高管，是要引进一种更精确、细致的管理方法。二是要想清楚高端人才和企业的关系。企业应该是一潭活水，有引进就要有输出，引进人才并不一定就要锁住、扣住人才，而是要把人力的智慧、观念和知识留在企业。三是要想清楚，在高端人才服务于企业期间，如何才能激励人才充分发挥智慧、才干。

事实上，相比普通员工来说，高端人才对待遇、企业文化、事业平台、管理环境等方面有着更多、更高的要求。换句话说，传统的薪酬激励在高端人才那里发挥的作用很有限。对高端人才的管理，企业除了要改变人才观，变引进人才为引进观念、变锁住人才为留住知识外，很重要的一点是要转变人才投入产出的思维。

❖ 激励管理：分享利益，共创价值

究竟如何才能使高端人才在企业工作期间最大限度地发挥才干呢？实践中企业也有很多探索，总的来说，"激励"是高端人才管理的关键词。过去，企业追求的是用最小的投入带来最大化收益，这是一种经济学思维。在知识经济时代，尤其是在各种要素高速流动的互联网时代，企业的人力资本思维要从"最小投入最大收益"转变为与人才"分享利益、共担命运、共创价值"。

企业激励高端人才的代表性做法包括：通过营造平台、舞台，唤醒高端人才的理想，激励他们施展才华、施展抱负；通过高目标、高挑战激活高端人才的创造热情，激励他们追求一流效率，创造更大价值；通过分享企业利润，如给股份、股权或远高于市场平均薪酬的待遇，激发人才的主人翁意识，使他们与企业发展共命运。

智慧型企业组织，需要组织智慧

任何企业经营管理模式都如同河流中的行船，在动态的、不确定的、连续不断的环境中，企业经营管理模式需要建立"共振曲线"。而唯一能把握这种和谐共振的就是组织智慧。

❖什么是组织智慧

有管理专家提出了"组织智慧"这一最新管理理念，不仅被哈佛《商业评论》总策划忻榕教授赞扬"使人们终于聆听到了来自东方的原创声音"，还被网友评论为是"继《蓝海战略》后，又一本影响管理学发展进程的畅销书"。我们期待着，更多的企业经营管理模式能够找寻到自己的传承密码，获得穿越时空的竞争力。

那么，真正的竞争力究竟是什么？优秀的组织，大到国家、民族，小至企业经营管理模式、家族，能够经历时间和竞争洗礼而傲然屹立的，总有一种神秘的因素。这种因素就是"组织智慧"。它能够引领组织穿越时空的隧道，突破个体的生命和能力的局限。组织和人一样，存在着显著的智慧差异，优秀的组织首要任务是创建自己独特的组织智慧。

中国有句话："授人以鱼，不如授人以渔。"组织智慧就是这个"渔"。就是在企业经营管理模式中建立一种内部机制，根据前人的理论和经验，结合自身的特点，在实践中提炼出指导公司发展的规律性的精华，将某个个体的成功、发现、创意、感悟或经验、技能等迅速放大为整个组织行为，在公司内部固化、共享、传承。在这一点上，优秀的公司有着近乎一致的理念。

组织智慧蕴藏着极其丰富的内涵，涉及战略、管理、营销、人力资源、客户服务等方面。它就像"看不见的手"指导着企业经营管理模式的决策和行为，帮助企业经营管理模式在这些领域赢得成功。同时，当企业经营管理模式面临众多机会时，也是企业经营管理模式抉择和判断的依据。

❖ 发现你的组织智慧

一个组织怎样才能获得组织智慧？组织智慧来源于多方面。可能来自于某个个体，如这个组织的创始者，某个阶段的领导者，某个层级的管理者，甚至某个普通的成员；也可能来源于几乎一闪而过的灵感，或者只是一种经验的积累。但总体来说，组织智慧来源于对企业经营管理模式成功和失败规律的总结归纳，反过来成为企业经营管理模式发展的风向标。

需要强调的是，组织智慧的形成绝非一朝一夕，更无法由外人代劳。它首先是企业经营管理模式实践的产物，并在实践过程中得到验证和强化。你不需要像瓦特发明蒸汽机那样"发明"企业经营管理模式的组织智慧，关键是你如何选择，从海量的优秀理念中选择吸收最需要和最适合的极少数企业经营管理模式。因此，在包容一切的同时，也要有敢于舍弃的勇气和魄力。

这种选择，该遵循怎样的标准？其实很简单，就是始终站在过去、现在和未来之间的交叉点。回顾过去并深刻反思，过去因何而成功，又因何而失败，把过去成功的规律提炼出来，并加以固化；立足现在，分析当前的现实状况以及公司的特点和行业的特征。找出对你来说最重要的基因，着眼未来的发展。

就像一个人常常并不真正了解自己的优势一样，企业也许并不了解自己是否存在组织智慧。怎样来识别？企业经营管理模式自身会发出一系列信号。比如，开会效率高、总是在统一的原则下行事和决策、通常不需要老板过问员工也知道该怎么做，人员的流动不会对工作产生很大的影响力，员工工作起来很有默契，新加入的员工能力很快得到提高等。

发现拥有组织智慧后，该怎样做？假如你的企业经营管理模式已经度过了初创期的混乱，经营管理渐渐步入正轨；假如你的员工们不在你眼皮底下工作；假如你的企业经营管理模式不满足于现有的地盘，正打算向更广泛的地域进发，那么，就该着手提炼组织智慧了。这时需要做的是：依据企业经营管理模式精心选择智慧原料，将智慧原料加工和提炼为智慧精华，把提炼的智慧精华固化成型。而作为企业经营管理模式的领导者，最重要的一点，就是在企业经营管理模式里建立起一种收集机制，不断从庞大的智慧库中识别并挑选出优秀的智慧原料。

要说明的是，组织智慧必须通俗易懂，让所有的员工都看得明白，而且照着去做。所以，必须对之做出明确的阐述和清晰的界定，有可能的话，最好采用讲故事的方式，效果会更好。

❈ 成事不靠人，靠组织智慧

通常那些在大公司积累了丰富经验的人往往受欢迎，比如唐骏。其实，他的价值即在于他学到了那些大公司的组织智慧。从微软到盛大，再到现在的新华都实业集团，唐骏的身价越来越高，原因在于他的身上凝聚了优秀公司的组织智慧，这也是他的最大价值。如果聘任他的公司不能将他拥有的组织智慧转化为自己的组织智慧，随着人才的离去，往往会一无所获。

事实上，企业经营管理模式如果将自己的命运系于随时会流动的人才身上，就像建立在沙滩的高楼，人一走，高楼就会随之坍塌。为了留住人才，企业往往许以高薪、期权，然而这些措施经常都是"落花有意流水无情"。企业只有在实践中不断归纳并推广自己的组织智慧，才能使企业经营管理模式成为有思想的生命体，才能实现企业经营管理模式的持续发展。

组织智慧是一种理念，但不只是理念。其独特之处在于，背后有一整套在企业经营管理模式里行之有效的支持系统，是能真正落地生根的，而不是空中楼阁。比如著名的 QSCV 经营理念，就是麦当劳的"组织智慧"。麦当劳的员工永远是那么训练有素，井井有条，让分散在世界 120 多个国家和地区的 3 万多家餐厅供应相同口味的快餐。这源于其背后的一系列做法：他们有贯彻 QSCV 经营理念的运营手册，加上严密的培训体系，让每位员工都能按照麦当劳的要求作业。而我们日常说的企业经营管理模式文化，应该说主要是指价值观，是企业经营管理模式员工共同的价值取向。

当然，企业经营管理模式文化其实应该囊括组织智慧。价值观不是企业经营管理模式文化的全部，优秀的企业经营管理模式文化还应当形成自己的组织智慧。组织智慧源于企业经营管理模式文化的内在需求并受到强力催化，它符合企业经营管理模式本身的道德标准，并有契合的文化氛围为依托。

❖组织智慧也需要变革

达尔文的"进化论"认为，竞争最激烈的地方也是进化最快的地方；这和今天关于全球竞争的决定性因素——全球化、准入壁垒、行业整合、供应链管理等的争论有着相似的地方。

现在企业经营管理模式与环境之间的关系，就如同航行中的船与河流的关系：每一艘企业经营管理模式之船，都航行在动态的、不确定的、连续不断的河流中。这就意味着企业经营管理模式需要建立与环境的"共振曲线"。而唯一能把握这种和谐共振的就是组织智慧。比如惠普之道，惠普自70年前由两位创办人创立以来，一直随着时代的变迁，相应地衍生演化着新的内涵。1999年后更注重客户及市场、速度及弹性、团队及协作精神以及有意义的创新。合并康柏后，则更吸收两家之长，发展出最新的内容。

今天的企业经营管理模式需要时刻保持对环境变化的敏锐嗅觉，才能在环境变化所带来的毁灭性打击来临之前自我进化。但组织智慧的进化或创新不应当远离自己的主轴，也就是企业经营管理模式的愿景、使命和战略。

第三章　融资之要：互联网时代创业发展的必备条件

企业融资是指以企业为主体融通资金，使企业及其内部各环节之间资金供求由不平衡到平衡的运动过程。在移动互联网时代，企业通过众筹模式、第三方支付方式、P2P 网络贷款平台、供应链金融及"互联网＋微金融"模式进行融资，将有利于进一步提升企业的金融创新能力，促进企业的健康发展，也将促进地区经济的发展。

众筹对大型企业融资的重要作用

传统的观点认为，互联网金融的发展将主要影响中小微企业的融资，而对于大型企业则影响甚微。其实这种观点值得商榷，互联网金融对传统金融造成的影响是普遍的，信息更对称、成本更低、匹配更精准的资金融通服务、金融产品和融资模式，将为大企业提供比现有银行贷款更加低廉、期限更加可控的资金。在这之中，众筹模式作为互联网金融创新的一个亮点，将对大型企业融资产生重要作用。

❖什么是众筹融资

众筹意为大众筹资或群众筹资，是一种用团购＋预购的形式，向网友募集项目资金的模式。众筹平台的运作模式大同小异——需要资金的个人或团队将项目策划交给众筹平台，经过相关审核后，便可以在平台的网站上建立属于自己的页面，用来向公众介绍项目情况。众筹平台会从募资成功的项目中抽取一定比例的服务费用。众筹不仅是一种融资活动，又与众包相似，在相当一部分众筹活动中，投资者不仅为项目进行融资，而且还积极参与项目实施，为其出谋划策。

近年来，全球众筹融资模式发展非常迅速。有数据显示，2009 年全球众筹融资额仅为 5.3 亿美元，2013 年则快速上升至 30 亿美元。2007 年全球有不足 100 个众筹平台，到 2013 年上半年则有 600 多个。其中，美国的众筹融资占据了全球的重要份额。

美国最大的国际化众筹融资平台 IndieGoGo 创建于 2008 年，在基本业务流程方面，IndieGoGo 通过自身平台向大众推介多种多样的融资项目，甚至包括为慈善事业融资。服务的群体更是不拘泥于本土，而是放眼全球。自成立以来，IndieGoGo 已经为 212 个国家的 6.5 万个项目提供了融资。2012 年底，该平台也获得了大约 150 万美元的风险投资。

众筹模式之所以能在短期内取得巨大进步，主要在于：首先，与 P2P 投入小、短期收益快相比，众筹模式需要较长时间的酝酿和培育，需要静心沉淀，然后获得高的收益。而在中国普遍浮躁的金融环境里，更需要这种沉稳的模式。其次，众筹作为一个融资平台，它的灵活性要比 P2P 大。它可以做实际物品，也可以做股权、债权。此外，众筹模式对项目信息公开得非常细致，商业模式也要求非常清晰，才有可能在市场进行募集。正因为如此，众筹项目不容易通过设置虚假标的物来套取资金，这也保证了投资者的安全。

据世界银行发布的众筹报告称，中国将是全球最大的众筹市场，预计规模会超过 500 亿美元。在我国，解决中小企业融资难和促进民间融资合法化、正规化一直是金融改革的热点，众筹融资模式无疑为这两大难题的解决提供了一种新的思路。例如国务院部署推进"互联网＋"行动，试点开展股权众筹，支持企业上市融资。

❖众筹模式对大型企业融资的重要影响

在很长的一段历史时期里，国有大型企业采取融资平台的模式为企业的重要项目融资，事实上融资平台的很大一部分资金来源仍是银行贷款，这种模式虽然可以逃避信贷政策的约束，但是风险极大。而众筹可以使大型企业获得更规范、透明的融资渠道，但不会引起太大的金融风险。大型国有企业可以直接建立自己的众筹平台，与众多个人和机构投资者进行直接融资，大型企业卓著的信誉完全可以吸引大量的投资者，并且以低于商业银行贷款利率的优惠利率成交。

如果互联网金融能够有效克服风险控制难题，商业银行的作用将会在贷款市场上弱化，甚至被互联网企业所代替，众筹将完全脱媒，能安全、便捷地提供介于贷款和权证之间的金融产品，这些产品的风险能够有效分散，并将拥有广泛的投资者，大型企业融资的便利性将前所未有。

如果互联网金融无法解决风险控制这个核心问题，互联网金融将蜕化为金融互联网，即使如此，众筹仍将存在，但便利性和安全性会大打折扣，大型的众筹平台将很难生存，形成寡头格局。但一些大企业却可以直接凭借自己的巨额资产和良好信誉进行众筹，这相比传统商业银行贷款仍具有不少优越性。

"大数据" 优化小微企业融资生态

从理论角度分析，造成小微企业融资困境的根源有两个：资金供需双方之间信息不对称和风险管理上的激励不相容。但是，在大数据时代，这两个难题正在面临有解的可能。基于大数据应用的互联网金融产业，正在凭借互联网开放平台的渠道优势与数据挖掘所蕴含的核心竞争力，尝试突破束缚小微企业融资的信息与成本枷锁，优化小微企业融资生态，扭转信贷资源分配的不对称格局。

❖ 以社会责任持续关注小微企业

目前，社会第三方商业化信用评估平台提供了较为丰富的数据资源，但这些资源更多倾向于中小型企业，且为主动要求建立或完善信用档案的企业提供有偿服务，外在的持续关注和扶持可助力小微企业更好地实现健康良性发展。第三方信用平台、第三方担保公司、政府职能部门及社会机构应尽量忽略服务成本和抛弃利润最大化最快化观念，更多地从社会责任角度去关注小微企业，提供更多免费服务，从线上到线下，走进小微企业，在其积极克服自身内在缺陷的同时，帮助其完善经营管理，提供政策咨询和技术支持，鼓励产品创新和转变经营方式，同时可掌握第一手企业全方位高价值数据，作为大数据分析的基础。

❖ 开放社会信息，大数据全面统筹分析

数据的可得性是大数据应用的前提，利用其改善信息不对称格局，全面衡量企业的状态和信用，需要全面分析企业信用记录、交易信息、评价反馈、运营情况以及纳税记录等，包括历史数据的 PB 级的内外部数据。企业供应链、生产链、销售链、资金链以及管理人员等各个环节生成的社会数据来源于若干政府职能部门和社会机构。但是，目前社会各平台间的数据相互孤立，即使第三方信用评估平台也是从其官方或非官方网站获取少量公开发布的数据，鲜有机构主动提供更多详尽的信息，各平台间割裂、分散、碎片化、非透明的海量数据远没有发挥其应有价值。因此，建议政府引导搭建小微企业大数据信用信息服务机构，统筹全方位的判断，融合开放后的社会信息，使外部出资者贷前即可真实清晰地甄别遴选出质优企业并根据企业信用量化结果和运营状态分析提供纯信用或担保抵押等贷款方式。

❖ 完善信用评估，预测管理防控风险

利用大数据强大的存储、运算和分析能力，全程跟踪小微企业各运营链条，持续实时考核和监控企业状态、稳健运营、还款能力及违约概率，信用量化评定（依据逐渐完善的信用评级标准）、经营管理预测、风险防控预警由量化模型自动完成，实时调整现行信贷方式。方便快捷的线上辅助管理服务、贷后企业动态的及时掌握，将拉近外部出资者与小微企业的距离，极大提高了外部出资者和第三方担保机构的监管能力。依据小微企业的状态、规模、类型和发展预期等分析结果，对企业进行层级和特征划分，设计出最具针对性且风险最低的新型信贷产品。基于对信贷风险的可监督、可预测、可掌控的大数据分析，外部出资者对小微企业的信心阈值大大提高，信贷心理更加积极乐观。利用大数据完善信用评级和风险评估防控，高效的线上 B2C 和 P2P 网贷融资平台结合线下银行、投资公司、小贷公司等金融性机构，为小微企业提供了便利安全的融资渠道。

❖ 加强服务，督导真实数据生产

数据的开放可得性是大数据应用的前提，而数据的真实性和准确性同样具有关键意义。非政府主导的商业化的第三方信用平台和担保机构遵循大众参与、社会监督、市场运营的运作方式，外部数据多是通过公开渠道或者商业渠道获得。在数据流通过程中，人为因素会导致数据真实性和完整性的改变，第三方信用平台和担保机构对数据来源的可靠性甄别不足，同时，一些小微企业内部数据存在故意失真现象。这些失真数据的大量生产和无序流动，势必会对大数据分析结果的准确性产生影响。因此，小微企业及社会机构应增强自身社会责任感和信用意识，政府层面，应切实减轻小微企业税费负担，协调社会机构出台针对性利好优惠政策并提供更多免费或低费用服务。同时，加强对小微企业的市场监督，提高其伪造数据的成本和代价，鼓励真实数据的生产。共同创建一个有利的、真实准确的大数据环境，对小微企业融资状况的改善具有重要意义。

❖ 充分利用移动互联网大数据

移动互联网金融、移动电子商务、移动搜索、移动支付等新兴移动互联网应用给小微企业的发展和大数据技术的利用带来了新的方向。小微企业可利用移动互联网展示企业正面风采、降低企业运作成本、发展移动营销新模式。数以亿计的企业和终端用户在移动互联网上的访问痕迹和留存信息，积累和沉淀了足够庞大的数据资源，相对于 PC 互联网数据，其扩展了时间和空间维度，覆盖更广、实时性更强、开放性更高。移动互联网注重以人为本的用户体验，使得源数据更加真实准确，此外，基于庞大的真实数据资源，将大数据采集分析技术延伸到移动互联网，小微企业线下实体运管结合移动互联网线上 C2C 和 O2O 可有效改善用户体验，可提高营销精准度，促进个性化、差异化和创新型发展，给外部出资者展示更多积极可信的形象。

大数据技术融合了网络、云计算、存储和分布式处理等多种先进的计算机及通信技术，已在多领域得到一定程度的应用，针对中小企业信用量化评级的第三方公众信用平台也在利用大数据解决企业融资困难方面积累了一定经验。但是只有在政府积极主导下，社会公共数据才能真正实现互联、互通、开放和共享，鼓励真实数据生产，才能使大数据在解决小微企业融资问题及小微企业自身发展方面发挥重要作用。

日渐多元化的第三方支付方式

随着央行对第三方支付机构加强监管及产业环境发生的重大变化，目前多家第三方支付公司已成立数据公司、金融公司以及电商公司，从单纯支付业务的提供商转型为综合金融服务提供商。

第三方支付方式日渐多元化，将不再仅承担原本单一的收付款功能，而是可以与财务管理、金融服务、营销管理等各类应用场景进行叠加，从而让支付的效应得以延展，让企业的整体效率得以持续提升。

❖O2O 模式打造更广阔市场

自 2004 年支付宝问世至今，第三方支付已经走过了足足十年的历程，获得牌照的机构日渐增多。以当前支付企业主要业务来看，大部分围绕收付款，即支付本身的功能来开展业务。不过，经过十年厮杀，支付领域早已是一片红海。同时，移动互联网和 O2O 的迅猛发展，用户的消费行为亦在发生迅速变化，第三方支付公司开始基于支付进行行业的转型和突围。支付捆绑了商户最真实的资金流和信息流，是一座有待开采的巨大金矿，如果仅停留在支付本身的业务层面，无疑是对资源的极大浪费。如果支付不仅承担单一的收付款功能，而是各类场景持续叠加，为客户带来更高效的营销管理、财务管理、金融服务，这将为第三方支付产业提供更为广阔的市场。

此外，广大线下商户越发渴望具备电商一样的营销能力，以吸引周边客户到店消费，实现线上到线下的导流，这些成为商户最为关注的重要能力。如何将进店消费的客户沉淀下来，并进行二次营销，最终实现按消费金额支付营销费用，始终是困扰线下商户的难题，而第三方支付正在瞄准这一商机。

据统计显示，国内零售总额在 2014 年达 23 万亿，线下零售占到相当大的一部分。虽然电子商务的成长非常快，许多标准化的物理化产品已逐步搬到线上，但是仍然有大量的需求需要体验性消费。线下零售商户需要具备电商能力，支付叠加营销就可助力线下商户具备电商般的营销管理能力，以此撬动需求、扩大价值并提升收益。

2014 年 8 月，快钱推出基于快钱综合化电子支付平台的云端会员管理系统，为商户提供整合支付、营销管理、积分管理、储值卡等一站式会员管理解决方案，从而帮助商户有效提升客户黏性，实现精准营销管理。O2O 把线下的场景往线上融合，这是一种很有价值的方式。

据央行网站显示，多家第三方支付机构业务范围变更已获批准，如 2005 年成立于北京的拉卡拉电商公司（以下简称"拉卡拉"）的业务类型由银行卡收单、互联网支付、数字电视支付变更为互联网支付、移动电话支付、数字电视支付、银行卡收单、预付卡受理。目前拉卡拉正打造以社区为核心的电商 O2O 服务平台，其已在 300 个城市积累了超过 50 万的终端运营网点。

拉卡拉社区 O2O 模式，开创了中国电子商务 2.0 时代，其电商模式正在快速建立并被社区商户认可。其产品一方面搭载了拉卡拉开店宝的商户，借助拉卡拉平台上承载的大品牌商品，可以直接进行 O2O 模式的电商销售，低成本、高效率、信息对等的优势让其成为社区环境中至关重要的消费环节；另一方面，商户通过开店宝后台系统，可以为周边用户直接提供还款、缴费等金融服务，从传统意义上的店铺升级为多功能的社区网点。拉卡拉业务覆盖支付、生活、金融、电商四大领域，第一步做社区缴费，第二步发展为社区生活服务，现在我们的社区电商业务推出来，后面还会有社区金融服务，都是沿着企业规划好的路线一步步走下来。目前而言，拉卡拉的定位是用互联网技术为中小微商户提供社区金融服务与社区电商服务的运营商。

※支付充当互联网公司跨金融跨界先锋

不仅拉卡拉要跨向金融领域，其他第三方支付机构已悄然发展金融业务。2014 年 6 月 22 日，汇付天下有限公司（以下简称"汇付天下"）更是联合西南财经大学家庭金融调查与研究中心联合发布了"汇付—西财中国小微企业指数"。该指数显示，金融机构的融资服务仍不完善，小微企业金融压抑强，金融市场仍有巨大市场空间。据业内人士透露，下一步汇付天下将开展小微企业的信用支付业务。

汇付天下在集团化运作过程中，下设汇付数据、汇付金融、汇付科技三家子公司。其中，汇付金融的目的之一正是搭建一个民间金融家的平台，变收单服务商为理财服务商，即所谓的"民间金融家"，将其作为渠道拓展理财服务销售，对接信托、券商资管的投资标的，为企业理财。

继银联商务与中信银行开展 POS 网贷之后，2005 年成立于上海的国内领先的信息化金融服务机构快钱于 2014 年 10 月推出"快钱快易融"。此业务是快钱联合多家商业银行推出的金融服务，也是快钱迈向支付叠加金融服务的第一步。在快钱的规划中，快钱金融服务平台将以数据为基础，整合信用评级、风险评估等各类措施，形成一整套综合化金融服务解决方案，旨在为中小企业等资金需求方提供成本合理、获取便捷的全方位金融服务。

上述互联网公司之所以可以做金融，其背后的商业逻辑就是现有的金融体系满足不了经济发展的需要。支付充当了金融创新和普惠的先锋队，也是互联网金融进一步发展的基石。

第三方支付方式多元化，从单纯收单业务的 1.0 时代，进入产业升级，在支付基础上提供增值业务的 2.0 时代。在支付 2.0 时代，第三方支付公司通过多年累积的用户数据，形成信息流、资金流的闭环，在这之上发展理财、融资、营销等多元化跨界服务，成为业务开拓的新亮点。对于基础设施来说，支付体系永远是重点。很多人认为支付的战争已经结束，我们有支付宝、财富通等这么多第三方支付机构，市场已经相当整合，其实不是这样的。随着技术的创新，这场战争会重新开始，未来不一定就是手机，这场战争可以一直打下去，所以支付还是一个重要的制高点。

P2P 网络贷款平台及其运营模式

近些年，随着社会经济的发展，传统的银行业已不能有效满足中小企业和个人的融资需求。国家紧缩的货币政策助推了民间借贷的繁荣，作为一种金融创新的产物，P2P 网络借贷平台以其独特的优势满足民间借贷需求，提升资金使用效率，呈现"爆炸式"增长。该平台，就是连接借贷双方的第三方网络平台，依据投资者和借款方的双向选择，实现个人对个人的小额借贷行为。这种模式的核心就是互联网时代的金融脱媒。

P2P 网络借贷平台市场定位渐渐层次化，运营模式也日益多样化、混合化，因此完全用一种原有的模式去概括不准确，下面只是选取极具代表性的几种概括出其目前的主体模式。一些纯线上平台可能也在尝试追求抵押担保模式和线下信用审核等风险控制措施；一些以线下业务为主要支撑的平台也可能会发展线上业务扩大业务量。

※ 拍拍贷模式

拍拍贷成立于 2007 年 8 月，总部位于上海，是中国首家 P2P（个人对个人）纯信用无担保网络借贷平台。与之类似的还有红岭创投。拍拍贷是平台本身一般不参与借款，比较透明阳光化，一般为小额借贷，无抵押、无担保。

主要借鉴了 Prosper 的纯平台中介模式，采用竞标方式来实现在线借贷过程，至今依然保留着最原始的经营模式。一般多个出借人出借很小的资金给一个借款人，以分散风险。规定借款人按月还本付息。借款人的信用等级是由拍拍贷信用评价体系通过身份认证、借款用途、以往借款记录等评出的，由认证分数转化而来。由于我国尚未建立完善的信用评估体系，因此，相比美国的 Proser 其线上风险较高。

❋ 宜信模式

宜信于 2006 年在北京成立，在一定程度上借鉴 Zopa 的复合中介模式。宜信建立了相互独立又互相关联的理财与投资组织，对借贷流程具有强大的操控力，主要在线下促成交易。这类模式网络仅提供交易的信息，具体的交易手续、交易程序都由 P2P 信贷机构和客户面对面来完成。证大 e 贷和平安"陆金所"也类似宜信模式，由于具有强大的线下业务支持，证大 e 贷和平安"陆金所"也只发挥信息交易平台的职能。宜信目前最主要的两种模式：一种是出借人与贷款人直接的借贷，双方通过宜信平台所提供的居间服务达成交易签订合同；另一种是债权转让模式，对符合条件且满足评级要求的借款申请人，先由宜信公司的 CEO 唐宁利用自有资金进行出借与借款人订立借款合同，然后从金额和时间上拆细债权，转让给有理财意愿的客户。宜信的这种模式更加便利客户，收入来自于借款方支付的服务费。唐宁在这个过程中不收取差价。同时宜信从服务费中提取相当于贷款金额 2% 的风险准备金，一旦发生坏账，便用风险准备金对出借人做出相应的补偿。

❋ 有利网模式

有利网是 2013 年 2 月上线的互联网理财网站，由小额贷款机构提供的本息担保模式，无疑使其成为一种安全性很高的 P2P 模式。平台公开、透明，不吸储，不放贷，只提供金融信息服务，与小额贷款机构中安信业、证大速贷、金融联达成战略合作。有利网通过合作的小额贷款机构推荐的方式选择还款意愿高、还款能力强的优质借款客户，从源头上降低风险。同时投资者的每笔出借资金均可获得由合作小额贷款机构提供不可撤销的 100% 的本息担保，如果借款人出现逾期或坏账，推荐该借款人的小额贷款金融机构会负责所有的追偿、催收工作，并在一开始出现逾期或坏账时就向投资用户偿付所有的剩余本金及利息。此种模式的优势是可以充分保证投资人的资金安全。有利网也提供债权转让功能，如果投资人急需用钱，可以通过转让债权，从而随时把自己账户中的资金取走。

❖ 阿里小贷模式

2010 年和 2011 年，阿里金融分别于浙江和重庆成立了小额贷款公司，为阿里巴巴 B2B 业务、淘宝、天猫三个平台的商家提供订单贷款和信用贷款。数据库是阿里小贷的最核心资产，核心风控金融模式其实是一条量化放贷的道路。通过阿里巴巴、淘宝、天猫、支付宝等一系列平台，阿里小贷帮助电商加入授信审核体系，对其进行定量分析，包括平台认证和注册信息、历史交易数据、客户交互行为等信息，所有信息通过整合处理，转化为特定信用评分模型，进行信用评级。阿里利用大量的数据和信息流，实现金融信贷审批。阿里巴巴 B2B 业务贷款由于额度较大，所以委托第三方机构于线下进行实地勘察。贷款发放之后，可以通过支付宝等渠道监控其现金流，控制贷款风险。不得不承认的是，任何经济体中都不可能没有对金融风险的监督与管理，阿里网贷也需要直面互联网金融风险控制薄弱的现实。

❖陆金所模式

陆金所于2011年9月在上海注册成立，其稳盈—安 e 贷服务通过平安银行旗下担保公司审核的借款方向投资方贷款。陆金所稳盈—安 e 贷与前面两种运行模式差异较大：第一，借款人的利率执行稳盈—安 e 贷统一利率，央行同期基准利率上浮40%，低于其他 P2P 网上贷款平台个人所发布的利率，对于小企业而言低于银行贷款的平均成本；第二，借款期限固定，统一划分为1年期、2年期和3年期三种期限；第三，网上贷款人只有在交易完成之后才可以浏览借款人的相关信息，在交易成功前陆金所平台仅提供项目编号；第四，借款为整笔认购，无竞拍机制，无分散集资，分散投资。

大数据金融下的供应链金融模式

供应链金融是供应链管理的参与者（核心企业）作为组织者，对供应链金融资源进行整合，为供应链的其他参与方提供资金渠道的一种融资方式，能够通过整合资金、资源、物流等提高整个供应链的资金运用效率。供应链金融的具体产品包括第三方金融机构对供应商的信贷产品和购买商的信贷产品。

❖供应链金融服务的发展与创新

供应链金融最早出现在19世纪初，由荷兰某家银行以仓储质押融资业务形式推出。到 20 世纪末，随着物流运输业和通信信息技术的发展，出现融资节点。由于供应链各个节点参差不齐，节点出现的资金"瓶颈"会引发"木桶"效应，于是供应链金融悄然兴起。

在过去的十多年里，供应链金融业务出现了许多创新，见表 3-1。

表 3-1　供应链金融业务的创新

金融与物流两业融合	包括订单融资、保单融资、电商融资、金融物流、担保品管理、保兑仓、保理仓、贸易融资、应收账款质押融资、预付账款质押融资、进出口项下质押融资、存货质押融资、融资租赁、金融物流、供应链金融、仓单质押、动产质押、互联网金融，还有代收代付、结算、保险等。物流企业的作用在于保证货物存在和交付
金融与物流进入电子商务	几乎所有电子商务公司在提供交易平台的同时提供融资平台，为买、卖双方开展质押贷款。各主要商业银行、股份制银行都推出了针对电子商务的融资产品。电子商务将颠覆传统的交易方式：一是交易不受时空限制；二是缩短交易环节；三是碎片化订单真实反映需求；四是快速交易要求快速交付；五是为小企业提供了销售市场；六是成本和售价降低。电商新模式是网上交易、网上融资、网下交割。物流业的业务方式也会改变。快速响应、快速分拣、小批量、多批次、可视化、网络化等需求，会影响物流设施的规模、布局、构造等
互联网金融的出现	互联网金融是利用互联网技术完成的金融活动，它的出现"让银行家彻夜难眠"

供应链金融作为一种创新产品，有极大的社会价值和经济价值。一方面，可以满足企业的短期资金需求，促进整条产业链的协调发展；另一方面，通过引入核心企业能够对资金需求企业以及产业链进行风险评估，扩大市场服务范围。

❖ **三类供应链金融模式显现**

目前供应链金融不仅局限于传统的银企合作触网模式，还包括三种融合类型：

一是传统的供应链金融模式，即银企合作触网，如"中信银行＋海尔"、"交行＋生意宝"等。

二是拥有完整供应链企业资源的传统电商自建 P2P，为供应链上下游企业提供金融服务，如京东、阿里巴巴等。

三是"电商＋P2P"模式，P2P 平台通过合作、并购的方式对借贷的资源进行整合，为有融资需求的中小企业和个人服务，如网信理财（第一P2P）、工商贷等。

银企合作模式的资金来源于银行，电商企业承担的风险较小；电商自建P2P 则对电商本身的规模、团队、风控等要求较高；电商与 P2P 合作模式有利于双方资源共享，形成抱团。因为银行、电商、P2P 三者的经验不同，在风控、需求、运作上各自占有一定的优势。目前而言，涉足供应链金融的企业很多，但是大多发展平平。

银企合作触网模式的优势在于，此供应链模式下链条企业所承担的资金成本较低，能够提供的金融产品和服务多样化，风控能力强；其劣势是银行设定融资企业准入门槛较高、审批周期较长，影响资金到位效率。

电商自建 P2P 模式的优势在于，电商既有的线上营销流量导入能够迅速满足企业资金需求且资金成本较低，且可通过电商频繁的商品交易和数据流的积累而形成大数据库，并在此基础上进行充分的信用分析；但传统电商的产业链客户基础较为薄弱，如果风控团队专业程度欠佳或风险管理独立性不强，就很容易积累风险。

电商与外部 P2P 机构合作模式的优势在于，彼此互补且资金与资产端的有效风险隔离，也可通过电商频繁的商品交易和数据流的积累而形成大数据库，并在此基础上进行充分的信用分析；其劣势则在于，合作双方对于彼此所承担的风险及获取收益的博弈，可能导致双方产生摩擦，影响业务长期持续开展。

❖ 电商融合 P2P 将是趋势

银企合作触网模式，可称为传统金融的互联网延伸，其更多是开展授信、融资、资金存管等金融服务，通过互联网提高效率，获取优质的授信客户，基本不涉及理财端，信用分析也基本上是传统银行使用的风控审核方法。而电商自建 P2P 模式和"电商 + P2P"模式，既可以通过电商的流量获取更多的理财资金，降低客户资源获取成本，又能通过对电商依托商品交易和数据流积累形成的大数据库进行充分的信用分析，可以开展纯线上的互联网数据征信。

整体来看，电商自建 P2P 模式和"电商 + P2P"模式，或者电商入股现有成熟 P2P，未来更具有想象空间。目前，全国企业的应收账款规模在 20 万亿元以上。假如将这些应收账款当作银行贷款的潜在抵押品加以充分利用，可以预见未来我国供应链金融发展市场潜力巨大，到 2020 年，我国供应链金融的市场规模可达 14.98 万亿元左右。

目前 P2P 平台大多缺乏相对可靠、优质的借款人，电商的上下游产业链资源有助于 P2P 平台发展供应链金融，未来电商融合 P2P 的供应链金融模式将是一个趋势。在可预见的将来，一旦 P2P 行业的监管政策确定，电商自建 P2P 模式和"电商 + P2P"模式将成为供应链金融的主流，考虑到征信市场的不完善和借款项目的地域性、行业性，银企合作同样不可小觑，将呈现相互竞争和融合的趋势。

当然，从目前的发展来看，电商具备获取全金融牌照的动力和需求，但是并不排除电商与银行合作。各种模式的目的都是为了解决供应链上企业的融资需求，民间资金的引入能使得供应链上企业在银行收紧银根时仍有稳定的资金来源。在未来利率市场化及互联网金融冲击的影响下，传统电商与专业P2P公司合作拓展产业链客户更具有市场竞争性，能有效满足市场大部分产业链客户的各类合作需求。

综上所述，大数据正在影响和改变我们的时代，供应链金融将是其最大的受益者，它把交易变得更安全、快速、可靠，把供应链连成网络，把经济引入"计划"，使金融"润滑"更加有效。

互联网 + 微金融支持 "草根创业"

小微企业是"草根创业"主体，是吸收就业的主力军。据国家工商总局小型微型企业发展报告课题组统计，我国70%以上的新增就业和再就业人口集中在小微企业。同样的资金投入，小微企业可吸纳的就业人员平均比大中型企业多4~5倍。而"互联网 + 微金融"的服务模式，成为破解小微企业融资困境的突破口。

❖ 大数据下的微金融服务

微金融，是金融领域内对数额较小、规模较小的金融活动的统称，是相对于大型金融机构、大规模资金融通来说的。一般情况下，指的是为中小微企业、创业者、个体工商户等提供的金融服务。

长期以来，传统银行以服务大中型企业为主，提供的金融产品与小微企业的贷款需求匹配度依然较低，并且缺乏有效处置微型借款者"软信息"的能力，信息不对称情况十分普遍。在移动互联网时代，网上积累的大数据弥补了个人和企业诚信记录的不足，互联网金融使小额投资和贷款及支付变得非常简单，有力地降低了中小企业的融资门槛。微金融作为一个长期缺失的市场，将借助互联网和大数据等新科技来填平信息不对称的沟壑和成本洼地。

微金融是更适合小微企业成长的融资形式。以"口袋购物"为例，其上有4000万微店，若要用保守方式去评价4000万微店的信誉是不可能的，可是一切的数据，这些平台上都有，3年后，若是这家公司没倒闭的话，它会堆集巨量的数据，就需要依靠这个平台。

❖ 当下的微金融服务模式

近年来，在国家相关政策措施的指引下，银行业金融机构纷纷创新小微企业金融服务模式，进行了各具特色的实践与探索。相关数据显示，2013年11月末，银行业金融机构用于小微企业的贷款余额达17.6万亿元，较上年同期增长20.8%，高于各项贷款平均增速6.6个百分点；比年初增加2.7万亿元，同比增多4723亿元。这些增长数据的背后，是各家银行层出不穷的产品创新和持续不断的资源倾斜，一部分银行在近两年亦依靠更贴近市场的金融创新，抢占了更多的市场份额，使小微企业金融服务竞争更趋激烈。

广发银行这两年在小微企业市场上名气日增，"生意人"系列产品获得市场青睐，极大地拉动了该行个人经营性贷款的增速，截至2013年10月，广发银行个人经营性贷款发放额同比增长翻倍，市场占有率迅速提升。在产品设计方面，2013 年广发银行重磅推出了个人经营性贷款拳头产品——"生意人卡"。该产品具有丰富强大的综合金融功能，还涵盖了现金流管理、支付结算服务、个人综合财富管理服务等金融服务，且特别设计了循环额度、随借随还、按日计息的功能。即客户只需一次审查授信，即可获得最长达 5 年的循环额度期限，客户可根据自己的资金流情况随借随还、按天计息，最大限度地为客户提供灵活便捷的融资方式。广发银行还从客户金融服务使用习惯出发，全面整合网上银行，推出国内首套个人贷款移动办理终端——"随申贷"，平台客户仅需进行简单的表格填写，即可现场获得风险及信用评估结果。对某些特定贷款品种，甚至能现场完成授信，客户最快 30 秒即可知道可以向广发银行借多少钱。

在产品服务研发方面，在充分整合行内现有产品服务的同时，广发银行通过总分行联动的方式保持小微金融业务创新的动力。总行以成熟的流程管理和风险控制体系为后盾，支持分行一线研发满足地区或特定行业客户个性化需求的金融服务专案。例如在义乌，广发银行就与浙江中国小商品城合作开展了"商位使用权质押融资专案"的试点。广发银行在全国各地开展的地区性专案有很多，通过实践挑选一些具有普及意义的专案形成成熟产品，成为产品服务模块库中的一部分，为广发银行小微金融业务这个变形金刚提供源源不断的武器。

平安银行 2013 年第一季度业绩报告显示，截至期末，该行小微贷款余额645.60 亿元，较年初增加 87.26 亿元，增幅 15.63%；不良率为 1.19%，较年初下降 0.05 个百分点。铸造"不一样"的小微金融服务模式，助力实体经济转型升级，是平安银行践行"以客户为中心，以市场为导向"转型升级的根本出发点。依托集团综合金融平台优势，平安银行小微业务已逐步推进与寿险综拓、电销、信用卡、汽融等渠道交叉销售的模式探索。在推进的路径选择上，寿险渠道主要采取锁定"点"和"面"模式；汽融、信用卡渠道将主要围绕平安银行汽融及信用卡客户中较集中具有小微特征的地区进行试点。

在产品开发上，平安银行正在集结各渠道的优势资源进行专项产品开发和市场研究，结合小微客户"短、频、快、急"的需求开发专项授信产品，采取"锁定客户"、"主动授信"、"批量获客"、"线上线下服务并举"的思路快速将平安银行既有优势转化为实际生产力和经济效益。同时还依托集团优势，积极探索"1＋X"综合金融服务，向客户提供财富管理服务、现金管理服务、附加增值服务等全方位的综合金融服务，以满足小微客户全方位的金融需要。

汇付天下通过互联网平台、移动技术、大数据等，正在将小微企业的需求具象化、数据化。小微企业的初期盈利水平很低，盈利比例只有57%，随着企业的进步，盈利的比例会达到80%。信贷方面，有12.5%的小微企业从正规金融机构、银行获得了贷款；有14.9%的小微企业想获得贷款，但没有拿到贷款；有31.9%的小微企业从民间借贷，没有通过正规的银行借贷。金融服务的这一缺口，给予了汇付天下等新兴金融服务机构发展的空间。

汇付天下在2013年就有50万小微商户、200万基金用户以及2万家的航空代理用户，汇付天下也正在将这些商户中获取的创新案例和大数据分析进行融合研究，致力于将小微企业的金融服务数据化、特色化。汇付天下对其50万POS收单商户在收单服务的基础上，又提供了生利宝、信用支付2.0等增值产品，联合银行为其提供贷款，加快其资金流转和发展速度。

中国微金融市场有巨大的需求潜力，必定能吸引企业家的热情，所缺的是政策和机制的保障，还有理论的准备。可以预见的是，对于中国这样一个拥有巨大市场且蓬勃发展的经济体而言，服务大众的小额信贷、消费金融等具有广阔的发展空间。

第四章 思维创新：互联网时代企业融合融资新思维

时代的发展，带动了经济社会的转变，与此同时，消费观念也在潜移默化中发生了改变，而作为经济活动中的重要一员，企业发展自然也需与时俱进。移动互联网时代的企业新思维，首先需要突破思维定势，用新思维创造竞争优势，落实双赢思维，做好信用管理，认识融资风险。这样才能跟得上时代发展的步伐，也才能不被抛在历史的车辙中。

跨界融合，需要突破定势思维

互联网思维强调跨界融合与开放互通，而我们传统的安全思维恰恰是围追堵截和控制隔离。要突破发展困境，在跨界融合中获得新的发展，就必须打破思维定式，打破行为惯性，打破路径依赖，用互联网时代的跨界思维来谋划企业的生产经营模式。

❖跨界思维与传统企业的跨界融合

所谓跨界思维，就是大世界大眼光，用多角度、多视野看待问题和提出解决方案的一种思维方式。它不仅代表着一种时尚的生活态度，更代表着一种新锐的世界眼光和思维特质。巴菲特的合伙人查理·芒格一直推崇跨界思维，盛赞其为"普世智慧"。

现实中，一方面，传统企业积极用互联网思维武装自己，用互联网工具变革自己；另一方面，移动互联网以前所未有的传播速度、云计算以超强的存储和计算能力、大数据以快速准确的挖掘能力，联袂向生产、消费领域的广度和深度渗透，促使生产、消费、服务和流通一体化。互联网成了嫁接传统企业与企业之间的桥梁，是企业跨界投资和融合的重要平台。比如，传统家电企业与互联网的跨界融合正在加速，见表4-1。

表4-1 传统家电企业与互联网的跨界融合

产品跨界互补	海尔、美的等传统家电企业在2015年均先后发布了智慧家居战略。而互联网企业的三大智能化核心产品分别是手机、电脑、电视，刚好与主攻家电的传统家电企业形成产品互补。再加上未来智慧家居中，智能手机将成为一个通用的"遥控器"，传统家电企业联手互联网企业，无疑完善了整个智慧家居中的产品线布局
互联网思维的运用与实践	随着互联网技术及其应用的发展，家电业已经站上了智能化转型的"台风口"，顺风者将可乘风而起，逆风者恐怕将落伍淘汰。无论是在电商操作、粉丝社区运营、互联网营销，还是在产品迭代开发、用户有效交互等方面，互联网企业营销思维的运用与实践都将是传统企业的"良师益友"
渠道、用户群的互补	传统家电企业在国内有庞大的旗舰店、经销商体系；同时，还有正在"打通最后一公里"的安得物流的完善物流配送体系，是一张不错的"地网"。而互联网公司往往有着"天罗"，互联网企业官方商城虽然不及天猫、京东等电商平台，但它还是有相当的号召力的，而且有数量庞大、黏性很大的线上用户，互联网"粉丝"多是年轻人群，正好是传统企业希望拓展的目标客户群。"天罗"、"地网"结合，传统企业电商渠道将更加丰富，而互联网企业的产品则可通过传统企业线下渠道"落地"

续表

借力互联网企业闯出新路	近年随着中国人工成本上升、人民币升值以及受越南、乌克兰等新兴市场国家政治因素的影响，出口增长受到不少阻力。传统家电企业急需摆脱以低成本为优势的"老路"，寻求国际化的新突破口。智能化无疑是一个机会，如果传统家电企业联手互联网企业，闯出"产品＋服务"的新模式，那么传统家电企业在拓展海外市场的时候，将多一张王牌
新一轮的合纵连横	早在2013年底，海尔就与阿里巴巴达成战略合作协议：阿里巴巴旗下的"菜鸟"物流公司参股海尔旗下的日日顺物流，并且还战略入股了日日顺的母公司"海尔电器"，双方在大件商品物流、大数据分析等方面深入合作，这是海尔打造开放性的"平台型企业"的重要举措之一。2015年，美的M–Smart智慧家居操作系统也将开放，与小米"结对子"有助于美的整个开放平台的搭建

❖ 传统企业领导者需要跨界思维

传统企业的跨界融合，首先需要企业领导者具有"跨界思维"。

一个合格和优秀的管理者，不光要知道可能影响到本行业和关联行业的国际国内经济、金融和政策动向，更要了解新的业态、新的商业模式，了解成功企业家的思维、理念价值观以及卓有成效的管理方法。如果没有"跨界思维"，那就很难打开视野和眼界，无法带领企业实现创新发展。

思维的灵动，可以意到神随，好似创意的眼睛，创新的灵魂。它要求企业领导者具有丰富的阅历和综合的知识结构。也就是说，企业领导者的跨界思维需要能力和技能的支撑，更需要有积极的态度。那么，对企业领导者来说，其跨界思维应该包括哪些内容？见表4－2。

表4－2 企业领导者跨界思维的内容

心态跨界	传统企业领导者职业心态不跨界，则万事皆难！作为企业领导者，职业心态偏离了正常轨迹，那么结果一定不是企业所要的，更不可能有良好的职业前景和未来

角色跨界	俗话说"不在其位,不谋其政",这句话似乎很有道理。仔细想想,未必有道理。假设你是一个中层管理者,不常站在上司的角度去思考,去了解上司的短期、中期、远期目标是什么,你怎么可能有效辅佐上司?如果你不常站在下属的角度思考,哪来的换位思考和有效帮助下属成长?所以,一个真正的领导者是要经常"错位"的,否则你就是本位主义的典型
思维跨界	思维长期本位而不能超越和跨界,那是一件非常可怕的事情。不能跨越"职业心态"的界和"角色"的界,就很难有思维的跨界
知识跨界	团队管理的过程中,领导者要有引领,才会有追随者。如果作为团队主管的经理人,自己没有什么可以分享的东西和先进的理念知识,那拿什么去引领下属呢?管理者不跨越知识的界,就完全有可能被其他人超越,甚至是下属
行业跨界	"千万不要埋头苦干,一定要抬头苦干!"一个合格和优秀的管理者,不光要知道自己行业的动态,还要知道竞争对手,更要知道可能影响本行业和关联行业的国际国内经济、金融和政策的动向

总之,"形而上者谓之道,形而下者谓之器"。而欲达自由、灵动之境,跨界必先拆除思想的藩篱、打破思维的界限。思维跨越没有界限,创新才永无止境。

招商基金用新思维获竞争优势

"银行"一词在当下语境中往往被认为是传统企业的代名词,而银行系基金公司也往往被认为是保守主义者。但是,这种思维定式正被招商银行基金打破,其对互联网新思维的独特理解正悄然颠覆传统的基金营销。

❖ 基金业现状

据万得数据统计，2006 年的基金业规模是 3 万亿元，而 2013 年也是 3 万亿元。截至 2014 年第三季度末，基金公司公募资产管理规模最大的前 20 家中，第三季度单季出现规模增长的有 15 家，而其中增长规模超过 200 亿元的只有 6 家，在这 6 家当中，招商银行基金第三季度的单季度规模增长了 210 亿元，排名第四，同时招商银行基金也因为第三季度的迅速崛起从而使其公募资产管理规模达到 875 亿元，从之前的 15 名跃升至 12 名。

显而易见的是，基金业的发展遇到了一些"瓶颈"。如何在遭遇"瓶颈"的行业现实中寻找突破，而不是简单地跟随行业变化？这成为银行系基金公司领导者认真思考的问题。

❖ 招商银行的互联网新思维落地措施

招商银行基金这两年最希望解答的问题之一就是如何转型，如何在残酷的基金业竞争中获得更大的优势。正是在行业营销的压力之下，招商银行基金从 2012 年开始设置了组合基金经理的岗位，通过模拟组合操作的方式结合营销渠道来更多地帮助客户，而在 2014 年，组合经理做的模拟盘收益率达 20% 多，显然在整个行业缺乏专业的投资顾问的现实下，招商银行基金的目的是通过专业判断来帮助客户配置基金，这实际上是招商银行基金的互联网思维的体现，也是以用户为主导的思维，招商银行基金希望站在基金持有人的角度去做基金营销。

也正因为如此，招商银行基金一直以来都要求其销售队伍走专业化营销路线，"在合适的时机推出合适的产品"、"把合适的产品推销给合适的人"、

"投资引领销售"、"组合经理组合"等。所以，招商银行基金销售团队内部非常重视专业化学习和交流，投研和销售有着很好的沟通交流机制，公司内部定期开展投研销售交流会以及渠道部内部的投研报告讲读交流分享活动，从而从简单的销售向财富管理转型。

比如，新股开闸，招商银行基金销售团队凭借着其独有的销售敏感度，紧抓市场热点和时机设计出一只灵活配置型产品：招商银行丰盛稳定增长，由于该产品很好地契合了投资人的需求，客户认购踊跃，由于一直秉持着"为投资人赚钱"为第一目标的投资理念，招商银行基金将该基金募集规模上限设置为 15 亿元，两日即宣布结束募集。

在营销思维上，招商银行基金营销团队克服了各种压力，通过专业化与用户主导的相互融合新思维，使得招商银行基金的营销打开了一片新天地。在互联网行业冲击各个产业的背景下，招商银行基金也开始强化了自己在基金电商领域的布局。

招商银行基金一直将"发展自有客户"作为电商发展的核心思路，同时作为一家银行系基金公司，招商银行有着得天独厚的渠道和品牌优势，再结合行业趋势，可将目前电商发展策略概括为："抱大树、种小苗"，长短期目标均衡发展。

招商银行基金没有简单复制别人的经验，而是将电商发展策略与基金独有的优势结合在一起。招商银行基金除了具有银行系优势外，发展企业客户的另一个思路是财务软件提供商以及第三方支付品牌。相对于天弘基金借助阿里发展 C 端平台，这恰恰反映了招商银行基金对 B 端平台商价值的独到理解。比如，财务软件提供商，将基金公司的网上直销系统嵌入财务软件构成其中的功能模块，帮助企业在财务软件中直接购买基金产品，进行统一的资产管理。在该模式下，基金公司与财务软件公司一次性系统对接，即可实现对广大企业的批量接入。而在与第三方支付的合作上，可将基金公司网上交易系统与第三方支付公司系统对接，借助第三方支付公司 POS 收单功能，实现收单回流资金直接存入货币基金，帮助广大商户提升资金使用效率。

在互联网思维的主导下，招商银行基金事实上已经取得了业内领先的电商成绩。2014 年，招商银行基金成为业内首批实现全电子化专户流程的公司，7 月全面推广，不到 4 个月时间专户规模快速发展到 4 亿元；销售速度越来越快，每只产品售罄时间从 9 天缩减到 7 天再缩减到 2 天；高端客户翻6.4 倍，达 890 户。在交易方式上，招商银行基金在微信、APP 两大渠道皆有斩获，招商银行基金的微信关注数达到 7.5 万，而 APP 在无任何营销费用的背景下，6 个月装机量增 7.6 万户，在淘宝渠道，招商银行基金的交易量居行业前列，以 2014 年 6 月为例，招财宝货币基金产品当月交易笔数达 1.4万笔，排在前三。

企业网络融资，落实双赢思维

2010 年以来，从国外引进的"网络融资"的概念开始在中国生根发芽。网络融资，是指通过网络进行企业与银行之间互相借贷的中介服务。贷款人通过在网上填写贷款需求申请与企业信息等资料，借助第三方平台或直接向银行提出贷款申请而获得的一种新型贷款方式。

与传统融资方式不同，网络融资会突破地域限制，这是传统金融机构无法做到的。同时，第三方机构本身并非金融机构，不受金融监管约束，而且能为客户提供便利和及时的服务——和银行、客户两个终端形成紧密型合作伙伴，各取所需，这正是网络融资的优势所在。通过网络融资，可实现中小企业和电子商务企业的双赢。

❖ 电商企业"试水"

2010 年，包括阿里巴巴、网盛生意宝、敦煌网在内的 B2B 公司率先在网络融资方面做了不同方式的尝试。

网盛生意宝曾经推出"贷款通"，率先涉足网络融资服务领域，并致力于打造"中小企业融资服务第一站"。网盛生意宝的"贷款通"定位为针对中小企业的开放式融资平台，作为"开放式"的银企第三方服务平台，可接受多家银行合作。"贷款通"尤其适合处于初创期和成长初期的小企业、微小企业，甚至个体户，顺应了当时企业电子商务及网络贸易的发展潮流，将银行业务与企业电子商务有效地连接起来，为成长中的中小企业搭建了多元的网上融资新平台。

"贷款通"推出不到一周，阿里巴巴继此前"试水"、"网络联保"后，再次在中小企业网络融资服务领域进行尝试，联合复星集团等三家知名浙企成立专门针对淘宝网商的小额贷款公司。据悉，阿里巴巴是国内最大、最早涉及网络贷款的 B2B 电子商务公司，旗下阿里贷款包含网络联保、信用贷款、抵押贷款、订单融资、担保贷款等多个产品。

敦煌网与中国建设银行签署战略合作协议，意在开拓网络信贷业务"新蓝海"。而建设银行深圳分行将首次试点立足于敦煌网平台的"e 保通"网络信贷新产品。据悉，敦煌网推出的贷款平台最大的特点是银行与中小企业之间不用面对面，只要根据中小企业在敦煌网上的信用记录、交易情况、资金沉淀甚至物流情况，即可开始更快速、金额更小的贷款。

❖ 银企精准对接

网络融资"走红"的原因之一就是申请过程的简化和方便。以生意宝为例，在贷款申请的操作流程上，生意宝摒弃了纷繁复杂、风险较高的"连保"环节，中小企业只需在"贷款通"平台填写企业贷款需求，提交贷款申请；经"企业贷款需求中心"核实与筛选后，按条件分配给相对应的各家银行；然后银行再进行处理，对符合放款条件的企业进行授信、最终放款，从而实现银企精准对接。

不过，不管以什么方式和途径实现，融资成功率和效率问题始终是中小企业最关注的问题。比如，敦煌网的"e保通"实现了银行系统与交易、资金、物流等网络平台的对接，可以为网络交易商的客户提供全流程网上操作。具体来说，比如敦煌网与建设银行共同评定出卖家的授信额度为50万元，卖家发出一单10万元的货物，在买家确认收货并付款之前的14天周期内，卖家向建设银行申请了10万元的贷款进行新的一单生意。当敦煌网收到上一单10万元的货款后，会自行启动自动还款功能，将10万元还给建设银行，这时卖家的授信额度恢复到50万元。

❖ 网络融资实现的双赢

表面上看来，这些电子商务企业纷纷推出网络融资产品，是为了解决中小企业的资金短缺的问题，但事实上，阿里巴巴、网盛生意宝等B2B"大佬"们当时纷纷涉足网络融资的目的，不仅在于缓解中小企业融资难问题，从某种角度讲也是希望通过网络贷款增值服务，来增加其客户黏性，更好地提升用户体验。

显然，网络融资对于中小企业和资金供给者来说是双赢举措。一方面，对于银行与小额贷款公司来说，网络融资降低了经营成本，效率更高，也更为灵活；另一方面，对于资金需求者来说，网络融资更便捷，更能满足自身的融资需求。基于垂直行业发展的第三方专业电子商务商，此举不但顺利实现了由基于 B2B 信息流的服务向资金流服务的有机扩张，而且拓展了自身服务领域，丰富了商业模式。

网络融资最初的举措，一是利率分成，小额贷款利率较基准贷款利率往往有较大幅度的上浮，存在收益分成空间；二是广告收入，网络贷款服务客户以中小企业为主，这是理财产品、高端消费品等广告投放的对象；三是专项服务收费，第三方电子商务服务商通过为企业提供专项服务来收取费用，比如认证会员网络交易记录、对流动资产进行评估保证等。

无论实现哪种盈利方式，对于中小企业和电子商务企业来讲都是皆大欢喜的局面：因为通过网络融资，中小企业解决了融资难的问题，而在融资形成一定规模后，盈利才是电子商务企业的终极目标，也只有形成新的盈利模式，企业才能不断发展壮大。

互联网金融时代，管理好个人信用

对于现代人来说信用是非常重要的，假如你的信用有污点，那么你将不能贷款。现在买房、买车、创业、消费哪个不需要贷款？特别是随着互联网金融时代的到来，信用将成为真实与虚拟世界里的另一个你，你必须重视信用、管理信用。

2015 年 1 月 5 日，中国人民银行印发《关于做好个人征信业务准备工作的通知》（以下简称"征信通知"），要求芝麻信用、腾讯征信等 8 家机构做好个人征信的准备工作，准备时间为 6 个月。这一重大举措，对金融界征信体系的基础设施建设意义重大，表明互联网金融的大时代真的来了！新金融时代有新的财富法则，我们要学的第一课，就是管理好自己的信用。

※勿以善小而不为，勿以恶小而为之

央行的征信通知发出后，大多数文章都是从征信机构的市场化竞争角度来解读的，几乎没有讲个人信用管理的，这也能看出整个社会在这方面意识薄弱。传统的征信体系非常强调"勿以恶小而为之"，就是不要留下信用污点。而互联网金融时代，还要强调"勿以善小而不为"。因为征信市场放开后，各征信机构在采集个人信用资料时各有侧重。打个比方，有的征信机构会关注到你是否出版过书，有的会看你微信朋友圈里好友的质量，有的甚至在意你是否从事过公益项目。所以，你的很多"小善"行为，可能无形中让你的信用值大增，当大数据应用普及时，每个人都变成了"透明人"。

从首批可以申请征信牌照的芝麻信用、腾讯征信等 8 家机构来看，每家企业的优势和劣势各不相同，针对的市场也不同。既有中诚信这样的老牌资信企业，也有芝麻信用这种新兴的征信公司。你的金融信用、社交信用、消费信用、职场信用都被采集，而且信用孤岛也将连接起来。当你在办理信贷时，也许对方不仅掌握你的央行征信报告，还有在其他征信机构的资料，而

你也可以主动去调来其他报告来自证信用。这时候，"勿以善小而不为、勿以恶小而为之"就显得非常重要，你在社交网络上不经意的不当言论、在某个领域特别的努力，可能都会深刻影响到你的信用。

❖ 信用卡依然是最重要的

虽然个人征信市场要向更多的机构放开，但是传统的征信体系依然占据着重要地位，央行发出的征信通知，更可以看作是一纸召集令，对央行征信体系进行补充。虽然美国的 FICO 体系受到冲击，但依然是采用最广泛的。在央行的征信体系中，信用卡则至关重要，如果信用卡长期透支，则会严重影响你的信用。道理也很简单，信用卡是最直接反映一个人的金融信用的。每一次的刷卡和还款，就相当于你和银行的每一次借贷，你是借款人，银行是贷款人，不能按时还款显然有损信用。所以，即使是互联网金融时代，信用卡账单依然是你首先要注意的。

理财的第一步就是剪掉信用卡，这种说法不过时。目前，国内有一些 P2P 网贷公司，比如么么贷，也是用较低的利率来帮助借款客户还信用卡。个人要巧妙地运用这些工具来管理自己的信用，先把对信用损害最大的信用卡透支问题解决掉。

❖ 多跟互联网金融公司打交道

信用都是在交易中逐渐增值的，在传统的征信体系下，与银行进行多次借贷并按时还款，就会留下良好的信用记录。那么，在新金融时代，就要多跟互联网金融机构打交道。在首批可申请牌照的 8 家公司中，像芝麻信用、腾讯征信、拉卡拉信用、北京华道征信，其背后的股东里都有支付公司的影子，而它们采集信用，也多通过互联网支付渠道。

所以，如果你拒绝用互联网金融工具，比如移动支付、P2P网贷，那就不利于你积累信用值。而对个人来说，做好信用管理，善于运用金融杠杆，会更有利于自身的发展。

❖ 经常进行信用体检，有意识地经营信用

在现代都市里，越来越多的人已经养成了健康体检的习惯，但对于信用体检，恐怕很少有人这么做。这可以理解，毕竟从前央行征信报告里也就那么一些指标——信用卡记录、房贷等，不去查信用报告也大概知道自己的信用情况。但以后就不同了，更多的机构涌入个人征信市场，对你方方面面的资料数据进行采集。或许你不知道什么原因就出现了信用污点；更或许你通过有意识的经营，能让自己在某一方面的信用值很突出，这样当需要自证信用时，就会很有利。

可以想象，未来这些征信机构之间肯定会互相购买信用资料，或许也需要你自己去提取在其他征信机构里的资料，所以要有意识地经营信用。在传统征信体系下，就有用信用卡来刷信用的做法，当个人征信进一步放开，未来的方法肯定更多。

❖ 与亲密人结成信用联盟

机构信用往往高于个人信用，这很好理解，组织的能力会大于个人能力，企业在某种程度上也可以理解为每一位员工的信用聚合体，企业家通过企业放大了自身的信用。同理，你与身边一些亲密的人（主要是家人）也可以结成信用联盟。在一个大家庭中，每一个人的信用水平不同，信用记录的侧重点不同，比如父母的房产比较多，子女刷信用卡比较勤，那是否可以让子女刷卡为父母置业，而父母抵押多余房产为子女还信用卡，这样整个家庭的信用值都在提升。再比如现在一些针对大学生的 P2P 网贷平台，像"爱分期"、"靠谱鸟"等，这些面向大学生的网贷一般都有父母在背后做隐性担保。

如果家庭内部沟通得好，大学生早一些接触互联网金融不是坏事，当然要凭自己的能力去偿还，这对于年轻人的信用积累和社会实践都是有助益的。

❄ 学会用法律武器维护自己的权益

随着个人征信市场的放开以及大数据的广泛应用，个人隐私的侵犯问题会变得突出。

美国有《公平信用报告法》，规定了消费者的信用调查报告使用权限以及什么内容可以包括在信用调查报告之中。法律还规定了消费者具有获取这些信用调查报告的权利，对其中不实内容提出抗辩的权利，以及征信机构在数据加工过程中可以遵循的手段和权限等。中国还缺少这样一部法律，相信未来肯定会进行相关的立法并逐渐完善。而对于个人来说，首先要掌握法律来维护自身的权益，这是个人信用管理的重要内容。

《左传》有云："君子之言，信而有征。"意思是说，一个人说话是否算数，是可以得到验证的。信用是现代市场经济的基石，信用报告是个人的"经济身份证"，征信服务既可防范信用风险，保障交易安全，又可营造"诚信受益，失信惩戒"的社会环境。一个征信体系越来越完善的社会，一个信用越来越有用的社会，也必将是一个市场经济能够蓬勃而健康发展的社会。

创业者必须知道的五大融资守则

现实中，充斥在创业者眼前的是一批学历高、长得帅、背景好、英文溜、汉语措辞也优美的投资人到处讲经说法，听上去头头是道。要和这批人打交道，融资的基本原则就是保持自信。以下是笔者从残酷现实中摸爬滚打得到的金玉良言，可称为"创业者必须知道的五大融资守则"。

❖ 概念和市场规模

这里面水很"深"。简单说，在投资人面前这其实就是一个需求的说明，投资人会根据这个需求推导出市场规模是否够大。另外，就算市场规模足够，是不是有好的概念也挺重要，因为大部分投资人都是跟风的，有好的概念说明你就是顺应潮流的，更容易和投资人"对味"。

解决这个问题有一个金点子，就是找到一个海外成功的对标项目，例如百度对标谷歌。这样基本就不必将需求、规模等向投资人一一赘述了。

❖ 数据的力量

仅有可观的市场规模和概念还不够，还需要拿"数据"说话，证明你在中国或者这方面至少是有可能做得最好。首先，团队是一种证明，这是后话。而这一守则的关键部分是正确定义你的核心数据。你的项目到底要靠什么数据来证明呢？具体数据要通过行业细分，比如你是社交项目，新增、DAU、留存就是核心数据；如果你是电商，那么订单、流水、SKU 才是核心数据。即便在社交中，你的核心数据可能是留存，也可能是回复率等，这需要你根据项目特点自己制定。

这一步务必遵循基本原则，保持自信，相信自己项目的独特性，才能真正坚定地提炼这些数据。还有一点，切记不要被投资者抛出的数据牵着鼻子，那样你就进入了投资人的圈套，不小心绕到了他的认知范畴。总之，无论你的证据是否有"干货"，一定要有自己的一套数据逻辑去说服投资人，如果实在说服不了，只能各自为安切莫求。

❋ 把竞争对手当作反面教材

这个守则一定要找到竞争对手当垫背的才行。你应该举一个同行企业的例子：××公司现在数据多少，我们又是多少。这是田忌赛马的策略，精心挑选你优势但竞争对手劣势的证据，一旦以此"证实"你是市场"龙头"了，拿到融资基本就有八成把握了。因为投资人向来点赞：宁可价贵估值高也要投第一，第二是怎么便宜都不投。

如果你证明不了你是遥遥领先的第一，那你至少要说明你是第一集团军里最具潜力的那一个。这需要你具备充分的拉竞争对手"做垫背"的能力，然后坚持不懈地找出你比对手强的证据来。如果你还在创业初期，最好能讲讲你怎么能超越现在市场上的那些类似的竞争对手，实在是没有完美的方案，那就请跳过此条在后面拼运气了。

❋ 团队浪重要

这里特指创始人团队。因为这一条在不同阶段的表现完全不一样，所以这个问题要单独讲一讲。天使阶段团队的重要性不言而喻，A 轮阶段团队也是相当重要的……越到后来阶段，数据、流水、市场地位甚至净利润在投资人心中所占比重越来越多，创始团队的比重则慢慢降低。投资人嘴上都会说团队重要，但他们对团队成员的了解只限于履历，除此之外什么都看不懂。这也不是投资人的错，全宇宙中人是最难懂的生物。"千里马常有，而伯乐不常有！"

投资的逻辑就是看履历，比如陈向东做教育，不说别的，先砸钱；如果说李一男要创业，不说别的，先砸钱。如果你大学还没毕业，你再有才也先得把产品做出来，数据做好了，运营不错了再跟投资人聊。如果背后没有光环，可以考虑先别出去融资了，十融九输。不如把这个精力用到项目上，默默把项目做到有一定起色再抛头露面。

❀ 有钱赚才是王牌

如果你是一个企业创始人，融资时一定少不了听投资人们抱怨："边际成本不能降低的生意不是好生意"、"我们只投未来有理想有规模的事情"、"效率不高的买卖没法儿做"、"投资不看重现在挣多少钱"等。但现实是，所有生意都离不开挣钱！谷歌和腾讯是极少数，一定要记住，极端案例不能成为你的模仿榜样。

有钱赚是一切的证明，等你有钱赚了，什么团队、数据、市场、概念的考虑基本随风去了。同时，自己创业，领导一群人跟着自己干，从责任担当的角度，也得重点考虑挣钱的事情，实打实地说，一群等着吃饭的嘴寄青春与希望在你身上，别瞎烧钱，对投资人不负责，对员工不负责，对自己更不负责！

对创业者来说，是否能快速、高效融集资金，是企业站稳脚跟的关键，更是实现二次创业的动力。以上"五大融资守则"，可以帮到创业者更好地成长。

众筹融资模式的风险与防范措施

如今越来越多的创业者涌入市场经济大潮，而想要实现梦想却又囊中羞涩怎么办？在互联网上发布自己的故事、寻找愿意为之买单的投资人，这种被称为"众筹融资"的新思维正在互联网世界迅速蔓延，成为个人或小微企业进行低成本融资的新渠道。

目前，仍处于起步阶段的众筹融资拥有巨大的发展潜力，但是这一模式下也暗藏着信用、技术、法律等一系列风险，这其实是对融资思维的一种考验。对此，个人、企业和政府都应该加强风险防范，让这一互联网金融创新模式健康运转。

❖什么是众筹融资

众筹融资实际上是指大众筹资或群众筹资，是用团购和预购的形式，向网友募集项目资金的模式。主要是利用互联网和 SNS 传播的特性，通过自身创意获取公众的关注和支持，进而获得所需要的资金援助。它的特点是"草根化"、平民化，发起与资助都与年龄、身份、职业等无关，而且又是一个免费、有效的宣传途径，现在很多购买演唱会、书籍、新产品的众筹，有些其实不是缺少资金，而是看重众筹平台的传播与宣传价值，还能提前测评产品的市场反应，众筹融资的成本也较低。

对于许多创业者来说，项目起步阶段找寻风投失败，众筹就成为他们融资的第二种选择。根据纽约大学教授阿宁迪亚·高斯的看法，允许企业通过更宽泛的渠道融资和推介自己的项目，这是一个真正意义上的游戏规则的改变。众筹进入中国初期规模不大，多为产品类众筹，融资额在几万元到十几万元。随着众筹在国内的壮大和民众接受度的上升，其规模也增加到几百万元乃至上千万元。但对于大多数国人而言，众筹融资仍然是一个比较新的概念。

随着众筹融资模式在国内的逐渐成长，对其性质的"定调"以及相关政策的完善也提上日程。作为创新事物，众筹平台无疑对现行法律带来一定的挑战，实际操作时如何做到透明、诚信、公平还有许多待解的难题。

❖投融界对众筹融资的风险分析和建议

投融界是专业的投融资信息服务商，具有丰富的服务经验。在投融界专家看来，众筹融资的信用风险较大，许多项目回报被标榜得很丰盛，因而可能成为一个噱头，很容易出现融资方涉嫌诈骗、平台挪用资金、泄露个人信息等风险。目前监管政策涉及众筹的比较少，项目审核方面的流程、标准、信用评价体系不完善，可能会让投资人资本受损。

因此，作为基于互联网平台的创新型融资模式，众筹融资虽然对于完善多层次资本市场体系、拓宽中小微企业融资渠道、支持创新创业活动和帮助信息技术产业化等具有积极意义。但是它的风险也显然存在，国家应该对众筹融资进行充分调研，适时出台相关指导意见，从规范行业、保护投资者权益、防范金融风险等入手，督促众筹平台加强技术能力，避免黑客、网络攻击等带来平台无法正常运行或平台信息泄露等风险，从而充分发挥它的优势。

投融界专家建议，企业在选择互联网众筹融资的时候，要坚决防范那些打着众筹名号的骗子网站，充分保障自己的利益，合理利用融资方式，提高企业的融资效率。

❖ 打造诚信的"人人投"

"人人投"是一个专注实体店铺股权众筹的网络平台。在人人投，对于好的项目，有专业的人人投运营团队和推广团队为项目融资，同时进行包装和推广。而对于投资人，人人投项目主要针对的是身边的店铺，店铺开业时间久、生意比较火爆、有一定的客户源和知名度，而开分店的资金，项目方也必须要出资，投资人与项目方共同承担风险。同时，人人投与第三方支付平台合作，进行项目融资资金的托管。

与其他的众筹网站模式不同的是，人人投股权众筹平台没有领投人，这种模式更像是几个不认识的朋友在一起开分店，投资人在网站上认证投资人之后，先进行预约认购，等到项目融资成功后，再进行下一轮的线下路演，让项目方和投资人进行面对面的交流。经过一系列的项目对接，人人投网站对项目的审核要求更高，对投资人认证也更认真，争取做互联网股权众筹的表率和先锋。

在现阶段，国内众筹项目很大程度上依赖的是诚信和自律，而人人投就是要打造这样一个诚信的平台。

❖ 证监会开展股权众筹融资试点

2015年3月2日，国务院发文鼓励开展互联网股权众筹融资试点，增强众筹对大众创新创业的服务能力。规范和发展服务小微企业的区域性股权市场，促进科技初创企业融资，完善创业投资、天使投资退出和流转机制。

2015 年 6 月 26 日，肖钢在"2015 陆家嘴论坛（官方站）"上表示，研究设立专门服务于区域性股权市场的小微市场，开展股权众筹融资试点，为创新创业开辟新的股权融资渠道。他表示，要规范发展区域性股权市场，使其成为投融资对接平台、政府扶持资金运用平台。要建立工商登记部门与区域性股权市场的登记制度，支持股权质押。研究设立专门服务于区域性股权市场的小微市场，开展股权众筹融资试点，为创新创业开辟新的股权融资渠道。进一步推动私募市场发展壮大，增强创新创业资本的有效供给，完善风险投资机制，扩大创业投资、天使投资，吸引更多民间资本流向科技创新领域。

我们相信，通过全社会的努力，众筹融资这一互联网金融创新模式一定能够健康运转，发挥出它应有的效益！

第五章　融资创新：互联网时代企业融资渠道与方法

　　融资是一个企业的资金筹集的行为与过程，是经营管理活动需要的理财行为。互联网时代的企业融资渠道包括新三板上市、私募债券、股权交易、首次公开募股、担保公司担保、不动产抵押、融资租赁、银行信贷、民间资金、外资融资等。公司要根据自身情况及未来发展需要，通过科学的预测和决策，选择适合自己的融资渠道，运用正确的方法去筹集资金，以保证公司的正常生产需要。

新三板上市融资渠道

　　中小微企业融资难的问题自改革开放以来一直没有解决，已经演变成"民间财富多、中小微企业融资难"的窘况，最主要的问题在于投融资渠道不畅。中共"十八大"报告提到了解决方案，一是利率市朝，二是汇率市朝，三是加快发展多层次资本市场，这说明多层次资本市场是解决中小微企业融资关键。而在多层次资本市场中具有标志意义的新三板的推出，主要就是为了解决中小微企业融资难的问题。

❖ 新三板对企业融资有哪些作用

新三板致力于改善中小微企业发展的金融环境，全面拓宽中小微企业融资渠道，对解决中小微企业融资难的问题具有推动作用。

一是股份流动。普通股份公司缺乏股份流通的场所和途径，而挂牌公司的股份可以在全国场外市场公开转让和自由流通，成为真正开放型的公众公司。股份流动首先给公司带来了流动性溢价；其次为公司股东、离职高管以及创投、风投和 PE（私募股权投资）等机构提供退出渠道；最后也为看好公司发展的外部投资者提供进入的渠道。

二是股权激励是吸引人才的重要手段。新三板支持挂牌公司以限定性股票、期权等多种方式灵活实行股权激励计划。企业可以根据自身需要自主选择股权激励方式，只要履行信息披露即可。这为那些财务支付能力弱的公司吸引留住核心专业人才、技术骨干创造了条件。由于挂牌公司股权有了公允的市场定价和顺畅的进出通道，这也为股权激励的实施提供了保障。

三是做市商帮助价值发现。做市商能够依据市场行情不断进行双边报价，可形成较合理的价格，抑制价格被操作，具有价格发现的功能。在证券市场上某些特定证券的价格出现较大波动或买卖指令不均衡时，做市商可利用自有资金及证券，通过调节该种证券的市场供求以调节其价格，维持股票价格的稳定性和连续性，从而保持市场的流动性，达到稳定市场的目的。做市商制度下形成的股票价格通常较全面反映该股票的信息，同时做市商也会积极推荐前景好的股票挂牌上市，这就促进了有效市场的形成。

　　四是定向融资方式。新三板作为资本市场，一个强大功能就是整合交易功能，通过风险投资等各类资金进入，开展股权置换交易，推进企业并购兼并和战略重组、资产重组，进而盘活企业存量资产。加速发展壮大，"从做加法到做乘法"。这种交易整合往往不能一次完成，是一个持续的过程，推动成长性强、有核心竞争力、效益好的企业实现跨越式发展。这一过程，能将过剩流动资金引向实体经济，支持企业科技创新和产业升级。

　　❖ 新三板挂牌操作流程是什么

　　新三板挂牌操作流程按照以下九个步骤进行：

　　第一步，中介机构开展尽职调查工作。主办券商、会计师、律师三方中介机构分别与申请挂牌企业达成新三板挂牌的合作意向，签订《保密协议》及中介机构服务合同后，进场对公司财务状况、持续经营能力、公司治理、历史沿革、资产、业务资质以及其他重要问题的合法合规事项进行尽职调查。上述三方中介机构在对企业进行初步尽职调查以后，判断企业是否符合新三板挂牌的条件，并制定企业重组、整体改制与挂牌方案。

　　第二步，有限责任公司改制为股份有限公司。新三板的挂牌要求之一是申请挂牌的企业必须为股份有限公司。因此，如果现行公司为有限责任公司，则需要通过改制，将有限责任公司整体变更为股份有限公司。改制过程需确保企业在股权结构、主营业务和资产等方面维持同一公司主体，将有限责任公司整体以组织形式变更的方式改制为股份有限公司，目前较常用的方式为以有限责任公司净资产折股整体变更为股份有限公司。

　　第三步，中介机构制作挂牌申请文件。为企业在新三板挂牌，主办券商需制作公开转让说明书、主办券商推荐报告，公司会计师须制作审计报告，公司律师须制作法律意见书等申请文件。

第四步，通过挂牌的董事会、股东大会决议。整体变更为股份有限公司后，公司董事会召开会议，就拟申请股份到全国中小企业股份转让系统挂牌就公开转让事宜形成决议，并提请股东大会审议，同时提请股东大会授权董事会办理相关事宜。在召开股东大会时，股东大会做出同意公司申请进入"全国中小企业股份转让系统进行公开转让"的决议，做好会议记录，并由会议的出席股东（包括股东代理人）签字。

第五步，券商内核。券商内核是新三板挂牌的重要环节，主办券商内核委员会议审议拟挂牌企业的书面备案文件并决定是否向协会推荐挂牌。三方中介机构制作完成股票挂牌申请文件初稿后，各自出具相关内核稿，券商项目小组将内核稿递交主办券商内核会议审核。

第六步，全国中小企业股份转让系统公司审查及证监会核准。这是新三板挂牌的决定性阶段，由中国证券业协会审查备案文件并做出是否备案的决定。

第七步，委托与成交。股份报价转让的委托分为报价委托和成交确认委托两类。报价委托和成交确认委托当日有效，均可撤销，但成交确认委托一经报价系统确认成交的就不得撤销或变更。参与报价转让业务的投资者，应当遵守自愿、有偿、诚实信用的原则，不得以虚假报价扰乱正常的报价秩序，误导他人的投资决策。

第八步，信息披露及股份初始登记。完成上述审批程序之后，挂牌公司向全国中小企业股份转让系统公司申请公司证券简称及证券代码，与深圳证券信息公司联系在指定的公开网站上披露相关文件，主要包括公开转让说明书、公司章程、法律意见书、审计报告、推荐报告等。

第九步，挂牌。在完成股份初始登记后，公司、主办券商与全国中小企业股份转让系统公司联系确定挂牌日期，完成股份挂牌工作。公司在新三板挂牌后，应按照规定披露年度报告、半年度报告和临时报告。主办券商对所推荐公司的信息披露工作负有持续督导的职责。

新三板除在全面拓宽中小微企业融资渠道外，要求拟在新三板挂牌的企业必须做到规范治理，由此也可以增进企业信用，提升企业形象。新三板涉及企业建设与发展的方方面面，企业在新三板挂牌上市，可获得有效的融资平台，迅速发展壮大。

私募债券融资渠道

2012 年 6 月初首批中小企业私募债券开闸，为中小企业提供了一种新的融资渠道，得到了中小企业的广泛认可。私募债券因信用风险相对较小、收益优势明显而受到机构投资者的追捧。

❖什么是私募债券

私募债券，是指向与发行者有特定关系的少数投资者募集的债券，其发行和转让均有一定的局限性，私募债券的发行手续简单，一般不能在证券市场上交易。相对而言，公募债券向不特定的多数投资者公开募集的债券，需按法定手续，它可以在证券市场上转让。

私募债券的优点是：发行成本低；对发债机构资格认定标准较低；可不

需要提供担保；信息披露要求低；有利于建立与业内机构的战略合作。

私募债券的缺点是：只能向合格投资者发行，我国所谓合格投资者是指注册资本金达到 1000 万元以上，或者经审计的净资产在 2000 万元以上的法人或投资组织；定向发行债券的流动性低；只能以协议转让的方式流通，只能在合格投资者之间进行。

❀ **哪些中小微型企业可以发行中小企业私募债券**

根据《深圳证券交易所中小企业私募债券业务试点办法》（以下简称《试点办法》）规定，中小企业私募债券是未上市中小微型企业以非公开方式发行的公司债券。试点期间，符合工业与信息化部《关于印发中小企业划型标准规定的通知》的未上市非房地产、金融类的有限责任公司或股份有限公司，只要发行利率不超过同期银行贷款基准利率的 3 倍，并且期限在 1 年（含）以上，就可以发行中小企业私募债券。

❀ **如何向深交所提交中小企业私募债券备案申请**

中小企业私募债券的备案申请，由私募债券承销商通过深交所会员业务专区办理，并以便捷、快速的电子化方式提交。备案申请材料包括备案登记表等 12 项文件。自 2012 年 5 月 23 日起，深交所先以书面形式接受发行人备案申请，同年 6 月中旬会员业务专区网站改造及相关准备工作完成后，深交所将正式启用备案申请在线提交电子化渠道。

❀ **中小企业私募债券备案登记表包括哪些内容**

为了便于发行人、承销商申报备案情况，提高备案工作效率，深交所设计了中小企业私募债券备案登记表。备案登记表涵盖了发行人经营范围、行业类型、营业收入以及从业人数等相关信息，还包括拟发债项的期限、付息方式、风险提示以及投资者保护机制设计等基本情况，并要求承销商就私募债备案应履行的相关责任和义务进行声明与承诺。

※深交所备案流程

深交所对承销商提交的备案材料完备性进行核对，备案材料齐全的，深交所将确认接受材料，并在 10 个工作日内决定接受备案与否，接受备案的，深交所出具《接受备案通知书》。除了备案流程电子化，深交所还将实行备案过程透明化，主承销商可以通过深交所会员业务专区，实时查询深交所内部备案流程的各项工作进度情况。

※中小企业私募债券投资者要具备的条件

由于对发行人没有净资产和盈利能力的门槛要求，中小企业私募债券是完全市场化的信用债券品种，合格投资者应当具备一定的风险识别与承担能力，充分知悉私募债券风险，依据发行人信息披露文件独立进行投资判断，自行承担风险。

※中小企业私募债券投资者适当性管理的大致要求和流程

证券公司应当建立完备的中小企业私募债投资者适当性管理制度，确认参与私募债券认购和转让的投资者为具备风险识别与承担能力的合格投资者。在接受投资者申请开通私募债券认购与转让权限时，应与其签署《风险认知书》，在合格投资者签署《风险认知书》的下一个工作日，证券公司才能为其开通私募债券认购与转让权限。

※中小企业私募债券如何进行转让

中小企业私募债券在深交所综合协议交易平台以全价方式进行转让。转让单笔现货交易数量不得低于 5000 张或者交易金额不得低于 50 万元。试点初期，综合协议交易平台仅接受投资者"成交申报"指令，不接受"意向申报"和"定价申报"指令。私募债券成交价格由买卖双方在前收盘价的上下 30% 之间自行协商确定。

※中小企业私募债信息披露义务人如何进行信息披露

中小企业私募债发行人、承销商及其他信息披露义务人，应当按照《试点办法》的要求及募集说明书的约定履行信息披露义务。试点初期，私募债券信息披露通过深交所会员业务专区进行，由主承销商登录会员业务专区，以电子方式发布。合格投资者可以委托会员查询中小企业私募债相关公告信息。

※中小企业私募债券如何办理登记、结算

中小企业私募债券由中国证券登记结算公司办理集中登记，并提供相应的结算服务，结算公司为此制定了《中小企业私募债券试点登记结算业务实施细则》，后续结算公司将结合私募债券的特点与市场需求，提供逐笔全额、纯券过户等灵活的结算安排，并可提供代收代付等服务。

股权交易融资渠道

在企业融资的众多手段中，股权质押融资、股权交易增值融资、股权增资扩股融资和股权的私募融资逐渐成为中小企业利用股权实现融资的有效方式。随着市场体系和监管制度的完善，产权市场为投融资者搭建的交易平台日渐成熟，越来越多的中小企业转向产权市场，通过股权融资缓解企业的资金饥渴，解决融资难题。

❖什么是股权质押融资

股权质押融资，是指出质人以其所拥有的股权这一无形资产作为质押标的物，为自己或他人的债务提供担保的行为。把股权质押作为向企业提供信贷服务的保证条件，增加了中小企业的融资机会。

对于中小企业来说，以往债权融资的主要渠道是通过不动产抵押获取银行贷款。由于大多数中小企业没有过多的实物资产进行抵押，各地政府为帮助这些中小企业获得资金，提出利用企业股权质押进行融资。例如，武汉光谷联合产权交易所自开展股权托管至 2008 年 9 月，已为东湖高新区内的艾维通信集团、武汉安能集团等 25 家公司融资 30 笔，融资总金额超过 5 亿元；江西省产权交易所至 2010 年 12 月，办理股权质押登记 111 宗，融资 63.15 亿元。

股权质押融资，使"静态"股权资产转化为"动态"资产，帮助中小企业解决了融资困难。但也面临多种因素的制约，一是政策引导不足，没有权威性的指导文件做保障；二是非上市公司股权交易市场的缺失，导致无法依托市场形成有效的股权定价机制，对非上市公司股权价值评估造成一定困难；三是银行参与不足，发放银行贷款的积极性不高。因此，以产权市场为基础，建立一个统一、规范、有序的非上市公司股权托管运行市场十分必要：一是有利于填补监管真空，维护股东权益；二是有利于实现股权有序流动，形成规范活跃的区域股权交易市场；三是有利于提高企业股权公信力，拓宽投融资渠道，吸引社会资本；四是有利于构筑、培育、发展基础性资本市场服务体系，促进资本运作；五是有利于扩大企业知名度，为股票公开发行、上市创造条件；六是有利于增强企业管理透明度，减少信息不对称，防止非法证券和非法集资活动，改善和净化金融环境。

股权质押融资的前提是托管。通过这一平台，设立一套由托管机构、企业、银行三方成功对接的有效机制，打造甄别企业信用情况和股权质地的评价体系，健全、完善、统一、规范股权交易市场，使出质人以其所持有的股权作为质押物，当债务人到期不能履行债务时，债权人可以依照约定，就股权折价受偿，以达到化解债权人风险和实现质押人融资的目的。

❋什么是股权交易增值融资

企业的发展演变，主要分为家族式企业、家族控股式企业、现代企业制度和私募股权投资四个阶段，每个发展阶段都围绕着资本的流动与增值。企业经营者可以通过溢价出让部分股权来吸纳资本、吸引人才，推动企业进一步扩张发展。

现代企业制度适应了企业更大规模的发展。但是，企业经营向全球化、信息化发展后，面临着日益严重的内部人控制和股东权利泛化问题，陷入巨大的信用危机。这时，企业会顺势进入私募股权投资阶段。

私募股权投资，专指投资于非上市公司股权的一种投资方式。基金管理公司以股权形式把基金资本投资给标的企业。企业股东以股权换取大量资本注入，在按时完成约定的各项指标后，股东可以按约定比例、约定价格从基金管理公司优惠受让并大幅增持企业股权。在这一过程中，企业既解决了资金问题，又提高了内部管理水平，使原来存在某种缺陷、约束或闭锁的企业，在私募资本的滋润与管理修复下获得解放和发展，迅速提升企业价值。

从企业的发展来看，股权交易增值融资相较于债权融资和银行贷款等方式对于企业信用、还款期限等方面的限制是最直接、快速、有效的，在促进企业扩张性发展、提高社会资本的流动性和增值性等方面具有最现实的意义。

※什么是股权增资扩股融资

增资扩股也称股权增量融资，是权益性融资的一种形式，是股份公司和有限责任公司上市前常用的融资方式。按照资金来源划分，企业的增资扩股可以分为外源增资扩股和内源增资扩股。外源增资扩股是以私募方式进行，通过引入国内外战略投资者和财务投资者，增强公司资本实力，实现公司的发展战略和行业资源的整合。内源增资扩股是通过原有股东加大投资，使股东的股权比例保持不变或者发生一定的改变，增加企业的资本金。

对于有限责任公司，增资扩股一般指公司增加注册资本，原股东有权优先按照实缴的出资比例认缴出资，如果全体股东约定不按照出资比例优先认缴出资的，则由新股东出资认缴，使企业的资本金增强。对于股份有限公司，增资扩股指企业向特定的对象发行股票募集资金，新股东投资入股或原股东增加投资扩大股权，从而增加企业的资本金。

增资扩股融资的优点：一是能扩大公司的股本规模，提高公司实力及影响力，降低资产负债率，优化资本结构，有利于提高公司的信誉度。二是增资扩股利用股权筹集资金，所筹集的资金属于自有资本。与债务资本相比，一方面能够提高企业的信誉和借贷能力，对于扩大企业生产规模、壮大企业实力具有重要作用；另一方面没有还本付息的风险，资本始终存在于公司，除非公司破产。三是吸收直接投资不仅可以筹集现金，而且能够直接获得其所需要的先进设备与技术，这与仅筹集现金的筹资方式相比，能更快形成生产经营能力。四是通过增资扩股实现企业改制，也是一个产权明晰的过程。由于外部股东的加入，可以利用外部股东在管理上的经验，建立有效的公司治理结构以及激励与约束机制。可以调整股东结构和持股比例，克服企业一股独大的缺陷，建立股东之间的制约机制。五是企业根据其经营状况向投资者支付报酬，企业经营状况好，要向投资者多支付一些报酬；企业经营状况不好，就可不向投资者支付报酬或少付报酬，比较灵活，没有固定支付的压力，财务风险较小。六是通过增资扩股不仅可以增加公司的净资产，同时也能增加公司的现金流量，有利于公司加大固定资产的投资，提高企业的产能、销售收入和净利润，加快企业发展，为上市创造条件。

❖什么是私募股权融资

私募股权融资是相对于股票公开发行而言，以股权转让、增资扩股等方式通过定向引入累计不超过200人的特定投资者，使公司增加新的股东获得新的资金的行为。近年来，随着全球的私募基金蜂拥进入中国，私募融资已成为非上市公司利用股权直接融资的有效方式之一。

首先，私募股权融资的手续较为简便，企业能快速获得所需资金，且一般不需要抵押和担保。其次，私募股权投资者，在所投资企业经营管理上非常积极主动，为企业提供经营、融资、人事等方面的咨询与支持，营造一种良好的内部投资者机制，为企业提供前瞻性的战略指导，帮助企业更快地成长和成熟起来。最后，企业通过有效运作所融资金，扩大生产规模、降低生产成本，使企业资产增加，融资渠道多样化，从而获得更多的外部支持，提升品牌形象和内在价值。

私募融资的优势日益受到政府部门的重视和支持。1992 年 5 月，国家体改委发布《股份有限公司规范意见》，明确规定募集公司可以向职工以配给方式发行股权证。随后，四川、江阴等许多省、市相继出台了关于鼓励发展私募股权融资的政策。

除了政策支持，私募股权融资的发展还需要市场支撑。产权交易市场满足了它的需求。PE 通过产权市场，既可以广泛及时地发现值得投资的标的企业，也可以更加经济高效地退出，有效降低运作成本和交易费用，扩大投资标的范围，拓展发展空间。

综上所述，随着产权交易市场化进程的不断推进和业务领域的不断扩展，产权市场已成为国内企业，尤其是中小企业最重要的投融资平台之一。它可以为股权的各种融资方式提供充足的信息资源，满足股权融资方式的多样化服务需求。同时，产权市场的公开性与公正性，能够为投资者资本的进入和退出提供合法合规的有效渠道，为实现资本的保值增值提供市场保障。

首次公开募股融资渠道

首次公开募股（Initial Public Offerings，IPO），是指企业通过证券交易所首次公开向投资者发行股票，以募集用于企业发展资金的过程。通常，上市公司的股份是根据相应证券会出具的招股书或登记声明中约定的条款通过经纪商或做市商进行销售。一般来说，一旦首次公开上市完成后，这家公司就可以申请到证券交易所或报价系统挂牌交易。大多数证券交易所或报价系统对上市公司在拥有最少自由交易股票数量的股东人数方面有硬性规定。

❖ 首次公开募股发行模式有哪些

通过公司估值可以合理地估计公司的理论价值，但是要最终确定发行价格，还需要选择合理的发行方式，以充分发现市场需求。

目前常用的发行方式包括累计投标方式、固定价格方式、竞价方式。一般竞价方式更常见于债券发行。累计投标是目前国际上最常用的新股发行方式之一，是指发行人通过询价机制确定发行价格，并自主分配股份。

所谓询价机制，是指主承销商先确定新股发行价格区间，召开路演推介会，根据需求量和需求价格信息对发行价格反复修正，并最终确定发行价格的过程。一般时间为 1 ~ 2 周。例如建设银行 H 股最初的询价区间为 1.42 ~ 2.27 港元，此后收窄至 1.65 ~ 2.10 港元。询价过程只是投资者的意向表示，一般不代表最终的购买承诺。在询价机制下，新股发行价格并不事先确定；

而在固定价格方式下，主承销商根据估值结果及对投资者需求的预计，直接确定一个发行价格。固定价格方式相对较为简单，但效率较低。过去中国一直采用固定价格发行方式，2004 年 12 月 7 日证监会推出了新股询价机制，迈出了市场化的关键一步。

❖ **首次公开募股的基本审核流程是什么**

按照依法行政、公开透明、集体决策、分工制衡的要求，首次公开发行股票（以下简称"首发"）的审核工作流程分为受理、见面会、问核、反馈会、预先披露、初审会、发审会、封卷、会后事项、核准发行等主要环节，分别由证监会不同处室负责，相互配合、相互制约。对每一个发行人的审核决定均通过会议以集体讨论的方式提出意见，避免个人决断。

具体审核环节如下：

一是材料受理、分发环节。中国证监会受理部门工作人员根据《中国证券监督管理委员会行政许可实施程序规定》（证监会令第 66 号）和《首次公开发行股票并上市管理办法》（证监会令第 32 号）等规则的要求，依法受理首发申请文件，并按程序转发行监管部。发行监管部综合处收到申请文件后将其分发审核一处、审核二处，同时送国家发展和改革委员会征求意见。审核一处、审核二处根据发行人的行业、公务回避的有关要求以及审核人员的工作量等确定审核人员。

二是见面会环节。见面会旨在建立发行人与发行监管部的初步沟通机制。会上由发行人简要介绍企业基本情况，发行监管部部门负责人介绍发行审核的程序、标准、理念及纪律要求等。见面会按照申请文件受理顺序安排，一般安排在星期一，由综合处通知相关发行人及其保荐机构。见面会参会人员包括发行人代表、发行监管部部门负责人、综合处、审核一处和审核二处负责人等。

三是问核环节。问核机制旨在督促、提醒保荐机构及其保荐代表人做好尽职调查工作，安排在反馈会前后进行，参加人员包括问核项目的审核一处和审核二处的审核人员、两名签字保荐代表人和保荐机构的相关负责人。

四是反馈会环节。审核一处、审核二处审核人员审阅发行人申请文件后，从非财务和财务两个角度撰写审核报告，提交反馈会讨论。反馈会主要讨论初步审核中关注的主要问题，确定需要发行人补充披露、解释说明以及中介机构进一步核查落实的问题。

反馈会按照申请文件受理顺序安排，一般安排在星期三，由综合处组织并负责记录，参会人员有审核一处、审核二处审核人员和处室负责人等。

反馈会后将形成书面意见，履行内部程序后反馈给保荐机构。反馈意见发出前不安排发行人及其中介机构与审核人员沟通（问核程序除外）。

保荐机构收到反馈意见后，组织发行人及相关中介机构按照要求落实并进行回复。综合处收到反馈意见回复材料进行登记后转审核一处、审核二处。审核人员按要求对申请文件以及回复材料进行审核。

发行人及其中介机构收到反馈意见后，在准备回复材料的过程中如有疑问可与审核人员进行沟通，如有必要也可与处室负责人、部门负责人进行沟通。

审核过程中如发生或发现应予披露的事项，发行人及其中介机构应及时报告发行监管部并补充、修改相关材料。初审工作结束后，将形成初审报告（初稿）提交初审会讨论。

五是预先披露环节。反馈意见落实完毕、国家发展和改革委员会意见等相关政府部门意见齐备、财务资料未过有效期的将安排预先披露。具备条件的项目由综合处通知保荐机构报送发审会材料与预先披露的招股说明书（申报稿）。发行监管部收到相关材料后安排预先披露，并按受理顺序安排初审会。

六是初审会环节。初审会由审核人员汇报发行人的基本情况、初步审核中发现的主要问题及其落实情况。初审会由综合处组织并负责记录，发行监管部部门负责人、审核一处和审核二处负责人、审核人员、综合处以及发审委委员（按小组）参加。初审会一般安排在星期二和星期四。

审核人员根据初审会讨论情况修改、完善初审报告。初审报告是发行监管部初审工作的总结，履行内部程序后转发审会审核。

初审会讨论决定提交发审会审核的，发行监管部在初审会结束后出具初审报告，并书面告知保荐机构需要进一步说明的事项以及做好上发审会的准备工作。

初审会讨论后认为发行人尚有需要进一步落实的重大问题、暂不提交发审会审核的，将再次发出书面反馈意见。

七是发审会环节。发审委制度是发行审核中的专家决策机制。目前发审委委员共25人，分3个组，发审委处按工作量安排各组发审委委员参加初审会和发审会，并建立了相应的回避制度、承诺制度。发审委通过召开发审会进行审核工作。

发审会以投票方式对首发申请进行表决，提出审核意见。每次会议由7名委员参会，独立进行表决，同意票数达到5票为通过。发审委委员投票表决采用记名投票方式，会前有工作底稿，会上有录音。

发审会由发审委工作处组织，按时间顺序安排，发行人代表、项目签字保荐代表人、发审委委员、审核一处和审核二处审核人员、发审委工作处人员参加。

发审会召开 5 天前中国证监会发布会议公告，公布发审会审核的发行人名单、会议时间、参会发审委委员名单等。发审会先由委员发表审核意见，发行人聆询时间为 45 分钟，聆询结束后由委员投票表决。发审会认为发行人有需要进一步落实的问题，将形成书面审核意见，履行内部程序后发给保荐机构。

八是封卷环节。发行人的首发申请通过发审会审核后，需要进行封卷工作，即将申请文件原件重新归类后存档备查。封卷工作在落实发审委意见后进行。如没有发审委意见需要落实，则在通过发审会审核后即进行封卷。

九是会后事项环节。会后事项是指发行人首发申请通过发审会审核后，招股说明书刊登前发生的可能影响本次发行及对投资者做出投资决策有重大影响的应予披露的事项。存在会后事项的，发行人及其中介机构应按规定向综合处提交相关说明。须履行会后事项程序的，综合处接收相关材料后转审核一处、审核二处。审核人员按要求及时提出处理意见。按照会后事项相关规定需要重新提交发审会审核的须履行内部工作程序。如申请文件没有封卷，则会后事项与封卷可同时进行。

十是核准发行环节。封卷并履行内部程序后，将进行核准批文的下发工作。

企业通过公开募股上市，有许多好处，如募集资金，吸引投资者；增强流通性；提高知名度和员工认同感；回报个人和风险投资；利于完善企业制度，便于管理等。也有许多不好处，如审计成本增加；必须严格守法守规，有相当的维护成本；募股上市后，上市公司影响加大；路演和定价时易于被券商操作；有失去对公司的控制权的风险；须持续披露信息；风投等容易获利退场等。

担保公司担保融资渠道

向银行借钱（融资）一般都要求有担保：政府担保贷款、企业信用担保贷款、自然人担保贷款。融资担保公司提供的担保服务是担保项目投资者在项目中或者项目融资中所必须承担的义务。这类担保人一般为商业银行、投资公司和一些专业化的金融机构，所提供的担保一般为银行信用证或银行担保。可见担保公司在向中小企业提供融资渠道这方面扮演了重要的角色。

❖ 融资担保的含义

融资担保属于非银行金融机构融资范畴。融资担保有两个方面的含义，一是物的担保，二是人的担保。

物的担保主要表现为对项目资产的抵押和控制上，包括对项目的不动产（如土地、建筑物等）和有形动产（如机器设备、成品、半成品、原材料等）的抵押，对无形动产（如合约权利、公司银行账户、专利权等）设置担保物权等几个方面，如债务人不履行其义务，债权人可以行使其对担保物的权力来满足自己的债权。物的担保有以下两种形式，见表5－1。

表5-1　融资担保中物的担保形式

抵押	为提供担保而把资产的所有权移转于债权人（抵押权人），但是附有一项明示或默示的条件，即该项资产的所有权应在债务人履行其义务后重新移转于债务人
担保	这种形式不需要资产和权益占有的移转或者所有权的移转，而是债权人或债务人之间的一项协议

人的担保是以法律协议形式做出承诺，担保人向债权人承担了一定的义务。义务可以是一种第二位的法律承诺，即在被担保人（主债务人）不履行其对债权人（担保受益人）所承担义务的情况下（违约时），必须承担起被担保人的合约义务。作为担保人，项目投资者通过建立一个专门的项目公司来经营项目和安排融资。

❖ 项目融资担保的主要形式

项目融资担保主要有两种形式，一是项目完工担保，二是无货亦付款合同。

项目完工担保主要属于仅在时间上有所限制的担保形式，即在一定的时间范围内，项目完工担保人对贷款银行承担着全面追索的经济责任。完工担保的提供者主要有项目的投资者、承建项目的工程公司或有关保险公司。

完工担保一般包括以下三个方面的基本内容：完工担保的责任；项目投资者履行完工担保义务的方式；保证项目投资者履行担保义务的措施。

无货亦付款合同是国际项目融资所特有的担保形式，它体现的是项目公司与项目购买者之间的长期销售合同关系。无货亦付款合同有不同的方式，主要是产品购买方同项目公司签订无货亦付款合同，项目公司以此为凭进行项目融资无货亦付款合同是长期合同。无货亦付款责任者的义务是无条件的，这是无货亦付款合同的核心。

　　总之，利用担保公司撬开小额贷款公司向银行融资的大门，对破解小额贷款公司融资难具有标杆意义。

不动产抵押融资渠道

　　不动产抵押是借款人采用的最主要的贷款担保方式之一，通过签订合同、资产评估、办理抵押登记，为银行债权的实现提供保障。特征有五：一是从属性，不动产抵押是为担保债务的偿还而设立的，其从属性是明显的。二是优先受偿性，有关不动产抵押担保制度的立法，通常也是以此为立足点的。三是补充性，只有在债务人不履行合同义务时，才发生要求担保人履行担保责任的问题。四是特定性，包含两个意思：其一，抵押担保的数额是一定的；其二，抵押标的是特定的。五是不转移占有性，不动产抵押均不转移占有，抵押人对抵押财产仍能继续行使占有、使用收益和处分的权利，这是区别于其他担保的一个显著特点。

　　抵押物的范围应符合法律规定。根据我国《担保法》和《城市房地产管理办法》等相关法律法规的规定，部分不动产和不动产用益物权不能抵押，如土地所有权、没有地上建筑物的集体土地使用权、列入文物保护的建筑物和具有纪念意义的建筑物等。

※银行方面要把控贷前、贷中、贷后三道防线

　　作为第二还款来源，抵押物是否足值、抵押权能否顺利实现是衡量贷款

风险的一个重要指标。因此，严格把控贷前、贷中、贷后三道防线，是银行有效防范抵押物风险、确保贷款资金安全的重要手段。

一是贷前调查抵押物房产、土地债权是否一致。目前，我国的《担保法》、《物权法》、《城市房地产管理法》等相关法律均规定土地使用权和房屋所有权在设定抵押时应当一并抵押，然而现实中由于土地管理部门和房产管理部门分设，很难避免土地使用权和房产分别向不同的债权人设定抵押权，在这种情况下，一旦债务人无力偿还贷款，无论是抵押在先的债权人还是抵押在后的债权人，抵押权的实现都面临着巨大的不确定性。银行应进行充分的贷前调查，在签订抵押合同时，经办人员应分别到土地管理部门和房产管理部门查询抵押物此前是否办理过抵押登记；在办理抵押登记时，经办人员应到土地和房产登记部门同时办理抵押登记，确保该项不动产的土地使用权和房产所有权登记为同一抵押权人；若房产或土地使用权已被其他抵押权人登记在先，则尽可能地要求借款人提供其他担保，避免出现抵押分离的风险事项，如果必须接受该项抵押时，则应审慎评价抵押物的价值及其已经担保的债务，防范抵押物不足值带来的风险，同时应考量抵押权被视为无效的可能性。

二是贷中审核抵押登记权证的真实性、有效性。在抵押贷款办理中，抵押物办理了抵押登记并不意味着万事大吉。2012年2月，某市一家银行发生了一起内部员工张某和外部人员勾结，用假房产证、他项权证违规发放贷款的案件，张某通过伪造权证，并与借款人、所谓"抵押人"互相串通，骗取银行巨额贷款资金。通过这起案件，各家银行应深刻意识到有效审核抵押登记权证的真实性，查实是否存在伪造抵押登记证书或克隆权证是贷款资金发放过程中必须认真执行的一道程序。银行应加强信贷内控管理，从上到下提高内控合规意识，提高案件防控意识，加大对违规放贷的惩治力度；提升制度执行力，严格执行贷款双人调查、双人签字记录等流程；规范员工与客户的交往行为，防范从业人员非法参与或利用职务之便参与民间借贷等违规行为。

三是贷后关注抵押物的存续状态。贷款发放后，银行仍然应对抵押物时刻保持关注。实际操作中，债务人可能会恶意通过各种行为使银行的抵押权利难以实现，如债务人在未通知银行的情况下，以明显不合理的低价转让已办理抵押登记的资产。《担保法》虽然规定抵押期间，抵押人转让已办理登记的抵押物，未通知抵押权人或者未告知受让人的，转让行为无效。但如果银行在法律规定的一年期限内未就债务人损害其债权的行为向法院申请撤销债务人处分财产行为的权利，一旦超过了行使撤销权的期限，转让行为同样可以生效，最终将会使银行遭受损失。因此，在办理抵押登记、发生借贷关系后，银行管户客户经理必须严格进行贷后检查，密切关注企业的生产经营情况和抵押物的存续状态，对企业有不利于银行信贷资金安全的行为要及时了解，掌握主动权。一旦发生异常情况，应立即预警，并积极采取措施，应对可能出现的各种情况，为债权的实现给予最大限度的安全保障。

❖小贷公司方面应该注意的问题

一是办理抵押登记。不动产抵押必须办理抵押登记，抵押合同自登记之日起生效。在实践中由于小贷公司的业务人员对法律知识了解和掌握的程度各异，可能会出现只签订抵押合同，不办理抵押登记；同抵押人签订抵押合同，不办理抵押登记，但扣留抵押不动产的产权证书；同抵押人签订抵押合同，不办理抵押登记，但办理抵押合同公证，并赋予公证文书以强制执行力。

以上三种情况可能导致贷款到期不还时，小贷公司权益无法保障，因此小贷公司在办理不动产抵押时一定要做好抵押登记工作。

二是注意抵押物的价值评估。抵押贷款对小贷公司而言，最根本的目的是确保金融债权的安全。所以，抵押物的价值应大于或等于金融债权。我国《担保法》明确规定，抵押担保的债权价值不得超过抵押物的价值。由此可见，抵押担保的价值评估对设立抵押贷款是至关重要的。因此，小贷公司应对抵押物进行公正合理的价值评估，以确保抵押物的价值大于或等于债权价值。

三是订立抵押合同时不得损害其他债权人的利益。抵押权有优先受偿性，享有抵押权的债权人较其他不享有抵押权的债权人得以优先受偿。因此，抵押权设定时不得损害先存在或同时存在的其他债权人的利益。对此，最高人民法院的有关司法解释中规定："债务人有多个债权人时，而将其财产全部抵押给其中一个债权人，因此丧失了履行其他债务的能力，损害了其他债权人的合法权益，根据《民法通则》第四条、第五条的规定，应认定该抵押协议无效。"在实践中，小贷公司为了保障贷款的安全，往往要求债务人将其全部财产抵押给银行。其实，这样不但不能防范贷款风险，反而有可能使抵押合同无效，将自己置于十分不利的地位。

融资租赁融资渠道

融资租赁又称设备租赁或现代租赁，是指实质上转移与资产所有权有关的全部或绝大部分风险和报酬的租赁。资产的所有权最终可以转移，也可以不转移。它是市场经济发展到一定阶段后产生的一种适应性较强的融资方式，是集融资于融物、贸易和技术于一体的新型金融产业。融资租赁被视为破解企业融资"瓶颈"的灵丹妙药。

目前国内融资租赁企业筹集融资租赁业务所需要的资金有直接融资和间接融资方式。不同的融资方式对应的资金来源和资金畅通程度有很大的不同。

❖ 如何分析融资租赁资金的直接资金来源

融资租赁资金的直接融资方式分为融资租赁公司股权性融资、发行企业债券融资、委托发行信托基金融资。直接融资可以降低国家金融体系的风险，因而受到我国政府的鼓励和支持。直接融资主要和出资人的出资意愿和出资能力相关。理论上融资租赁公司的直接融资渠道是最宽泛的、最畅通的。

股权性融资原有模式主要是通过新设融资租赁公司筹集股本和原有融资租赁企业的增资扩股，具有资金稳定性好、资金使用的固定成本低、融资额度没有限制等特点。

发行企业债券融资是企业依照法定程序发行、约定在一定期限内还本付息的债券，可自由转让。融资租赁公司发行企业债券融资，必须要对发债企业进行严格的资格审查，债券的信用等级不低于 A 级并要求发行企业有财产抵押或信用担保，以保护投资者利益。这样才可能得到国家计委和中国人民银行批准发行。

委托发行融资租赁信托基金是融资租赁公司委托信托投资公司为特定的融资租赁品种或产品公开筹集融资租赁项目资金。融资租赁信托是信托和租赁的结合，是不同金融产品之间进行合理组合的工具，发展空间非常大，有比较广阔的发展前景。信托业与租赁业通过战略合作实现优势互补时，可在一定程度上促进当事人和合作方的生产经营成本、利润、资金、设备和税收资源的合理配置。

※如何分析融资租赁资金的间接资金来源

融资租赁资金的间接融资方式有债权性融资、项目融资、结构融资等方式。

债权性融资是以往融资租赁企业普遍采用的融资方式，主要以企业自身的信用为保证向银行申请银行流动资金贷款。银行主要审核的是融资租赁企业信用记录和经营业绩，特别是现金流量。一般经营业绩较好、信誉记录佳的融资租赁公司才可能得到银行贷款。德隆系崩盘带出上海新世纪金融租赁公司、新疆金融租赁公司的巨额担保连带清偿责任，本身是由法人治理结构缺陷引致的，但对融资租赁企业的债权性融资带来极大的负面影响。融资租赁公司的债权性融资目前基本处于来源不畅、渠道梗阻状态。

租赁项目融资是对经中国银行业监督管理委员会批准从事租赁业务的金融机构（出租人，其中金融机构含企业集团财务公司、信托投资公司、租赁公司等）发放的专项融资，专用于受让出租人的应收租金债权或出租人购买租赁资产提供给承租人使用，并由承租人支付的租金归还融资的业务。一般采用应收租金债权和租赁物件抵押两种方式作为项目融资的担保，并辅之以专用账户监管等控制手段。银行不仅要审核融资租赁企业，也要审核承租企业的各项必备条件，更要对相应的融资租赁项目的可行性进行考察。综上可见，租赁项目融资的融资主体受限，承租人的进入门槛较高，虽有资金来源但渠道并不畅通。

结构融资是指企业将拥有未来现金流的特定资产剥离开来，并以该特定资产为标的进行融资。租赁融资的结构设计原则应是风险共担、利益共沾、相互制约、叠加收益、共同发展，保证融资租赁资金的安全性、收益性、流动性。

对结构融资评估主要考虑三方面内容：一是担保抵押品的质量和充分性。一般来说，结构融资模式要确立优先求偿的抵押资产质量是有保障的、在数量上是充分的，并对资产违约率、交易过程中的时间安排模式、拖欠率、市场价值下降、实现回收的拖延等因素根据历史经验进行预测。二是涉及交易的现金流结构，保证出资人到期获得利息和本金的支持措施必须到位。三是对于法律和税收的考虑，要求确保资产抵押人的合法性，以及和交易有关的资产可得性、现金流的及时性和充足性。可能的税收也会影响现金流，因此对有关问题的税收情况也要进行估计。

国家出台了很多促进融资租赁发展的政策，鼓励融资租赁企业以股权融资、项目融资等方式筹集资金，鼓励金融机构开办融资租赁业务。而且竞争也迫使银行不断创新，开拓低风险、收益有保障的经营品种。而融资租赁正是符合银行要求的经营品种。有了外部的资金输入作为动力，融资租赁公司必须加强内部管理，特别是要形成行之有效的融资租赁风险控制机制，尽快形成良好的盈利发展模式和盈利能力，在调整资产结构的同时扩大资产规模。

银行信贷融资渠道

银行信贷是银行将部分存款暂时借给企事业单位使用，在约定时间内收回并收取一定利息的货币借贷活动。货币借贷指借贷的标的只能是货币，不能是实物借贷。银行只经营货币，货币商品无差别，可与一切商品相交换，是社会一切财富的代表。这样，银行的借贷行为才具有广泛的社会性，才能发挥引导社会资源合理流动的作用，并有利于降低借贷双方的成本。

❖ 银行贷款渠道的信用传导机制

银行贷款渠道是一种典型的信用传导机制理论。该理论认为，在信息不对称的条件下，金融中介机构具有特殊地位，银行在评估、筛选贷款申请人以及监督贷款的使用方面具有专业技术，使得它们可以向那些难以在公开市场上获得资金的借款者提供贷款服务。因此，中央银行可以通过货币政策的制定改变银行准备金规模，从客观上影响商业银行提供贷款的能力。

银行贷款渠道理论认为，在有摩擦的信贷市场中，银行在信贷市场中扮演了关键性角色，银行贷款成为借款人或部分借款人唯一的外源融资途径。这样，由于银行部门缺乏存款负债的较为接近的替代品而依赖于可储备的活期存款作为其资金的重要来源时，货币政策变动就可以影响银行贷款能力，进而对投资、消费和产出产生影响。这一传导渠道可以描述为：从货币政策操作到银行信贷供应能力，再到总支出，最后到实际经济。

❖ 如何分析看待银行信贷

要想银行信贷，需要对其重要性、还款来源及其与财务报表的关系等问题进行分析。

一是了解信贷对银行的重要性。现在一谈银行，"存款立行，贷款兴行"这八个字自然会出现在我们脑海中，但在实际工作中，每个人的体会都不一样。这与每个人所处的时期、位置和角度是分不开的。国内银行的主要利润来源于信贷利差，统计数是85%左右，现在呈下降趋势，但也在70%以上。所以说，信贷业务就是国内银行的主营业务没有任何争议（国外银行中间业务利润已可与信贷利润一争长短了），信贷业务的好坏决定了银行经营业绩的好坏，所以对现在的银行而言，贷款的重要性已有超过存款重要性的趋势。

二是信贷业务中的还款来源问题。信贷的具体业务很多，如贷款合同的签订、资金划账和借据的保管、催收通知等。在这里，我们主要讨论借款企业的还款来源。企业的还款来源可分为第一还款来源和第二还款来源，第一还款来源来自于企业的现金，第二还款来源于企业的财产抵押和第三方担保，而第三方担保的来源又可循环地来源于担保企业的现金和自身财产。

三是还款来源和财务报表的关系。第一还款来源主要分析企业的损益表、现金流量表；第二还款来源中的财产抵押主要分析企业的资产负债表。

❖ 银行信贷的流程

每当企业有融资需求的时候，或多或少都会有资金饥渴。那么，实务中银行审核的流程到底是怎么样的？到哪一步或者开出什么文件才算实质性批了呢？

事实上，贷款承诺函是有实质效力的。贷款承诺函是银行的授信品种之一，主要用于项目融资。一旦银行出具了贷款承诺函，就意味着银行承诺在有效期内随时准备为该项目提供贷款支持。没有实质效力的是贷款意向书，它是个意向性的文件，一般存在于项目立项初期需要向政府争取政策的时候。贷款意向书是表示银行初步认可了项目的可行性，但不代表一定会放贷。

实务中的信贷流程一般要经过10个步骤，见表5-2。

表5-2 银行信贷流程

接洽	或是客户向银行提出，或是客户经理主动上门，总之第一步，是客户和银行进行初步接洽，表明融资需求
贷前调查	接洽后银行开始做贷前调查，收集相关资料，包括客户基本资料、关联企业基本资料、项目基本情况、发展前景、政策或行业环境、拟担保人或物的资料等
方案谈判	这个环节有的是在最初接洽时就做了，有的是在贷前调查时一并进行，总之就是银行与客户就授信金额、品种、期限、价格、担保方式等做一番讨价还价。一旦谈妥了，客户经理就开始撰写调查报告，有的业务还要写项目分析报告
贷款审查	谈好方案，写好调查报告之后，要把全部业务资料移交风控部门进行审查。这一阶段，风控部门会对项目进行审查，判断风险大小、收益多少，并得出初步审查结论：同意，或者不同意，或者需要改变金额、利率、担保方式等
贷审会（非必需）	有的项目比较大，或者业务比较特殊，或者有专门的管理要求，要召开贷审会进行集体审议。参加贷审会的人，除了领导以外，还包括上报项目的客户经理和支行负责人以及风险部、合规部、计财部、客户部等部门的人。总之就是三堂会审，专家会诊
贷款审批	风控审查（贷审会审议）通过后，业务需要提交有权人（一般是行长或者授权副行长，有的银行设独立审批人）审批。通常来说，有权人具有一票否决权，即审查通过的业务，有权人可以不批，不过这种情况很少发生
签合同，办手续	审批通过后，客户和银行把相关合同签好，把抵押等手续办好，就可以等着放贷了
放款审核	并不是签了合同就能拿到钱，还需要经过放款审核一关，这关主要是看前面的审批要求有没有落实、合同有没有签好、手续有没有完整、贷款发放方式和支付对象是否符合规定等
贷后管理	钱放出去了，客户经理要隔三岔五去盯着，看看企业是否正常运作，项目是否顺利进行，抵押物是否完好等，并督促企业履行一些贷后落实的审批要求。同时风控人员也会通过各类非现场监控系统，通过各类数据对贷款的安全进行监督
收回	贷款到期，本息按时收回来，一笔业务顺利结束，所有人松了一口气

从以上流程可以看出，一般来说通过了前六项才算批下来，有时项目好，跟银行关系密切，可能过了前四五项就差不多了。至于文件的话，对内一般是见到审批单算数，对外则是签合同。

民间资金融资渠道

　　民间融资，是指出资人与受资人之间，在国家法定金融机构之外，以取得高额利息与取得资金使用权并支付约定利息为目的而采用民间借贷、民间票据融资、民间有价证券融资和社会集资等形式，暂时改变资金所有权的金融行为。

　　民间资金投资主体和中小企业有着共同的发展愿望。同其他融资方式相比，民间融资方式天然就具备了服务中小企业的个性特点，具有天然的契合性。民间融资作为部分金融空间缺位时的一种过渡形式，其广泛性、渗透性优势在与正式金融的交叉性和交替性的关系中足以弥补正规金融的不足，成为中小企业依据资金可得性与经营特点而形成的一种不可或缺的融资渠道。

　　※ 如何分析民间融资的需求面

　　一是需求主体分析。其一，小额民间借贷主要用于婚丧嫁娶和购买生活所需，额度小，少则几百、几千元，多则三五万元，利率较低，期限短，多集中在经济落后的山区农村。其二，大额民间借贷主要用于工业、商贸较发达地区的生产投资、经营性商贸活动。以前民间借贷主要是农户之间、亲朋好友之间应付一时之急，而现在的民间借贷主要满足个体私营企业融资所需。

　　二是民间融资需求的因素分析。其一，产业发展需求。从民间借贷资金的分布看，当前民间借贷主要集中在经济比较活跃的地区，有大量私营企业集中的煤、铁开采区及铸造业、种植业、养殖业等繁荣的地区。其二，经济波动需求。在宏观经济波动情形下，煤、铁价格居高不下，市场火爆，利润丰厚，由此吸引了大量民间资金投入。

❊如何分析民间融资的供给面

民间融资的发展一方面与资金的提供者相关，另一方面也与正规金融的发达程度具有替代关系，同时还受制于国家宏观调控政策。

一是城乡居民闲置资金多，投资渠道少，为民间融资提供了资金来源。

二是基层金融机构服务面窄，信贷满足率低，为民间融资创造了较大的需求空间。

三是宏观调控进一步压缩了正规金融供给，促进了民间融资的活跃。

❊民间融资的主要方式

如今，随着互联网金融的发展，民间融资也呈现出与以往不同的新特点，主要表现在融资活动半公开化和融资行为渐趋理性化。其主要方式有以下四种：

一是民间借贷，指公民之间、公民与法人之间、公民与其他组织之间借贷。只要双方当事人意思表示真实即可认定有效，因借贷产生的抵押相应有效，但利率不得超过人民银行规定的相关利率。民间借贷作为一种资源丰富、操作简捷灵便的融资手段，在一定程度上缓解了银行信贷资金不足的矛盾，促进了经济的发展。但是显而易见，民间借贷的随意性、风险性容易造成诸多社会问题。向私人借钱，大多是半公开甚至秘密进行的资金交易，借贷双方仅靠所谓的信誉维系，借贷手续不完备，缺乏担保抵押，无可靠的法律保障，一旦遇到情况变化，极易引发纠纷乃至刑事犯罪。由此看来，民间借贷也必须规范运作，逐步纳入法制化的轨道。

二是有价证券融资，是一种具有一定票面金额，证明持券人有权按期取得一定收入，并可自由转让和买卖的所有权或债权证书。钞票、邮票、印花税票、股票、债券、国库券、商业本票、呈兑汇票、银行定期存单等，都是有价证券。

三是票据贴现融资，指持票人为了资金融通的需要而在票据到期前以贴付一定利息的方式向银行出售票据。随着票据融资在金融机构新增贷款中所占的比重进一步上升，票据融资日益成为企业最重要的短期融资方式之一。

四是企业内部集资，指生产性企业为了加强企业内部集资管理，把企业内部集资活动引向健康发展的轨道，在自身的生产资金短缺时，在本单位内部职工中以债券等形式筹集资金的借贷行为。但应当遵循自愿原则，不得以行政命令或其他手段硬性摊派。

如何以新一轮简政放权为契机，清除民间资本进入金融领域的障碍，打通民间资本与中小企业之间的融资渠道，发挥民间资本的"融资活性"，对于纾解中小企业融资困境具有重要意义。

外资融资渠道

利用外资是指利用来源于国外的资金，以解决资金不足的困难或进行资金调节，来发展本国经济。借用国外资金的发展按照积极、合理、有效地利用外资的方针，通过多种渠道和方式借用一定规模的国外资金发展国民经济，是我国利用外资战略的一个重要组成部分。

❖ 中国利用外资的方式

中国政府从本国的国情出发，根据国民经济发展的需要，参照国际上通行的做法，在利用外资方面，按资金的不同来源，主要采取以下五种方式，见表5-3。

表5-3 中国利用外资的方式

外国政府贷款	向中国政府提供贷款的有经济发达的国家和资金比较充裕的石油输出国。这类贷款有一定的援助性质，条件一般比较优惠，诸如利率较低（也有的是无息贷款），偿还期限较长（一般是10年或10年以上，还含有若干年的宽限期）。但是，往往又附带一定的限制条件，一般都由双方协议规定贷款的用途和使用范围。许多西方发达国家规定，必须以贷款的全部或大部分用于购买贷款国的技术设备或物资；有的国家还规定采购物资的方式和程序
国际金融机构贷款	向中国政府提供贷款的国际金融机构主要有世界银行集团、国际货币基金组织、国际农业发展基金组织、亚洲开发银行等。这些机构的贷款条件不一，有的具有援助性质，使用贷款采购物资则多采用国际招标方式
出口信贷	西方发达国家为促进和扩大本国产品的出口，在本国商业银行设立较一般商业贷款利率更低的贷款，专供本国出口商或外国进口商使用，这种贷款统称为出口信贷。出口信贷根据贷款的对象分为卖方信贷和买方信贷。中国通过外国银行的买方信贷或卖方信贷（延期付款方式）引进了部分先进技术和设备
外国商业银行现汇贷款	为了筹集部分急需的自由外汇，通过本国银行向外国商业银行融通资金。这类现汇贷款利率较高，偿还期较短，但使用贷款采购物资不受限制
发行国际债券	中国银行和一些金融企业为筹措资金，在国际金融市场发行债券，即一种有息定期收回的有价证券，其性质与借款相同。中国债务人即债券发行者通过发行债券得到所需的资金，债券发行后向债权人即债券持有者定期付息还本，收回债券

※ 中国吸收外商直接投资的方式

吸收外商直接投资这类外资一般不构成东道国的债务。中国吸收外商直接投资，主要有四种方式，见表5－4。

表5－4 中国吸收外商直接投资的方式

合资经营企业	即股权式合营企业。它是吸收外商直接投资的一种主要方式，由外国公司、企业和其他经济组织或个人，按照平等互利的原则，经中国政府批准，在中国境内同中国的公司、企业或其他经济组织共同投资、共同经营、共担风险、共负盈亏的企业。其责任形式为有限责任公司，合资各方（投资者）对合资经营企业的责任以各自认缴的出资额为限，合资经营企业在合营期内不得减少其注册资本（企业向工商行政管理机关登记的资本总额，也就是合资各方认缴的出资额之和）。合资各方按投资比例分享利润，分担风险
合作经营企业	即契约式合营企业。一般是由外国合作者提供资金、设备、技术，中国合作者提供场地、现有厂房、设施、劳动力及劳动服务等，共同合作举办的经济组织或共同合作从事生产、经营活动。合作经营合同经中国政府批准后生效。合作各方利润分配的比例及方式较为灵活。如在投资回收期间，外方的分配比例可以高于中方，合作经营期满后，企业资产一般不再作价和清算，全部无偿归中方所有。合作经营企业可以组成经济实体并成立董事会，也可由合作各方以各自的法人身份进行合作。以各自拥有的资产组成联合经济体，由各方代表组成的联合管理机构进行经营管理。有的可以委托合作一方或第三者管理
外资企业	是指依照中国有关法律在中国境内设立的全部资本由外国投资者投资的企业，不包括外国的企业和其他的经济组织在中国境内的分支机构。设立外资企业，必须有利于中国国民经济的发展，并且采用先进的技术和设备，产品全部出口或者大部分出口
合作开发资源	目前主要是合作勘探开发海洋石油资源。是参照国际上通常的模式，由中国公司与外国石油公司采用风险合同形式在中国海域合作勘探开发石油。所谓风险合同，是指在勘探阶段由外国石油公司投资并负责勘探作业，如未发现有商业开采价值的油田，风险概由外国石油公司承担。经过勘探，如具备开发条件，中国公司将同外国公司共同投资、合作开发，投产后对外国公司投入的勘探费用给予补偿

❖中国利用外资的其他方式

除上述两类主要方式外，中国还采用以下三种较为灵活的方式利用外资，见表5-5。

表5-5 中国利用外资的其他方式

补偿贸易	由外商向中国企业提供所需的技术设备，投产后，中方在一定期限内以其产品偿还设备价款的本息。其特点是，中国企业在缺少外汇的情况下可以适时地引进所需的技术设备，进行技术改造和发展生产
对外加工装配	通常是由外商提供一定的原材料、辅助材料、零部件、元器件和包装材料，由中国企业按对方要求加工装配为成品或半成品，收取加工费，由外商提供加工装配所需的设备、测试仪器和专用工具，其价款由承揽加工的企业以加工费抵付
国际租赁	这是一种以"融物"形式达到"融资"目的的筹资方式。其方式包括中国的租赁公司和中国的承租企业通过缴纳租金，向外国取得所需设备、机具的使用权。国际租赁以其灵活、方便、能适应企业界多种实际需要等特点，在中国正越来越受到各方的重视

第六章　众创空间：互联网时代个人创业融资及案例

　　越来越多的年轻人加入了创业潮，在创业初期，因没有渠道而艰难筹备启动资金。那么个人创业融资有哪些渠道呢？在这里，个人创业融资不仅需要提前做好准备，还要善于借助各种渠道和方式，包括银行贷款、挪用住房贷款、合理选择贷款期限、享受银行和政府的低息待遇、亲情借款、提前还贷等，并在拉投资过程中注意风险防控。

个人创业融资需要做哪些准备

　　很多人都有做老板的野心，有些人或许有做生意的头脑，但无奈却没有做生意的资金。如果有有钱的家人或亲戚，能够借来创业的资本最好，但是如果没有的话，就得自己找融资方了。在这个过程中，一方面要注意相关的法律问题，另一方面要做好创业融资之前的实务性准备。

❖个人创业融资需注意的法律问题

关于个人创业融资的法律问题，我们先来看一个案例：

刘先生是山西某县办企业的承包人，该企业加工一种很稀有的矿石，出口创汇前景非常可观。然而，该企业的生产设备陈旧，电力供应时常中断，生产能力严重不足。眼睁睁地看着大好商机将要丢掉，刘先生不甘心，他来到北京寻找投资商为项目融资。刘先生遇到的第一个问题是投资商要看商业计划书之类的融资项目介绍文件。之后，投资商又要求刘先生提供律师的尽职调查报告。面对这些问题，刘先生一头雾水，只好向律师求助。

目前，像刘先生这样为个人创业而四处寻找资金的人非常多，而上述问题是许多创业者都会遇到的。其实，投融资过程蕴含着风险，涉及的法律问题十分复杂，最好的办法就是寻求法律支持。在法律专家的支持下，融资人可以避免跑冤枉路，花冤枉钱。

个人创业融资需注意以下七个方面的法律问题：

一是融资人的法律主体地位。刘先生的身份是该县办企业的承包人，从法律角度来说，其代表职能令人怀疑。根据法律规定，刘先生作为企业的承包人只有承包经营的权利，无权处理企业投融资之类的重大事项。既然该企业是县办的，很有可能是国有企业，国有企业是否需要融资是由企业或者企业的股东决定的，也就是由当地的国有资产管理部门决定的。换言之，刘先生如果没有企业的授权或者国有资产管理部门的授权，无权与投资人就投融资问题达成任何协议。即使达成某种协议，该协议的效力需要企业或者国有资产管理部门事后追认才具有法律效力。

二是投资人的法律主体地位。刘先生所找的投资人是某外国投资公司驻北京代表处。根据法律规定，代表处不得进行任何与经营有关的商业活动。因此，代表处无权与刘先生签订任何关于投融资方面的合同。另外，我国法律规定，某些矿产资源的开发禁止外商投资。同时需要指出的是，这些外商投资公司或者代表处，在没有经过详细的调查、核实投资项目和融资人的资质情况下，轻易同意签署所谓的合资、合作协议，并要求融资人交纳保证金或者其他名目繁多的费用，融资人应当慎重考察核实融资人的情况，以防上当受骗。

三是投融资项目要符合中央政府和地方政府的产业政策。在中国现有政策环境下，许多投资领域是不允许外资企业甚至民营企业涉足的。

四是融资方式的选择。融资的方式有很多，如债权融资、股权融资、优先股融资、租赁融资等。各种融资方式对双方的权利和义务的分配也有很大的不同，对后续经营的影响重大。

五是回报的形式和方式的选择。例如债权融资中本金的还款计划、利息计算、担保形式等需要在借款合同中重点约定。如果投资人投入资金或者其他的资产从而获得投资项目公司的股权，则需要重点安排股权的比例、分红的比例和时间等。相对来说，投资人更加关心投资回报方面的问题。

六是可行性研究报告、商业计划书、投资建议书的撰写。刘先生被要求提供的文件就是商业计划书。上述三个文件名称不同，内容大同小异，包括融资项目各方面的情况介绍。这些文件的撰写要求真实、准确，这是投资人判断是否投资的基本依据之一。同时文件的撰写需要法律依据，例如关于项目的环境保护要求必须实事求是地申明，否则，如果项目环保措施没有达到国家或者地方法律法规的要求，被环境保护部门下令禁止继续运营，其损失无法估量。

七是尽职调查中可能涉及的问题。律师进行的尽职调查是对融资人和投融资项目的有关法律状况进行全面的了解，根据了解的情况向投资人出具的尽职调查报告。

以上七个方面是投融资过程中可能出现的法律风险，当然其他的法律风险也可能存在，例如资金是否严格按照合同的规定到位、担保形式的选择等，这些都可能影响项目的正常进行。

※ 个人创业融资之前的实务性准备

一是融资总收益应大于融资总成本。在进行融资之前，先不要把目光直接投向各式各样令人心动的融资途径，更不要草率地做出融资决策。应该先考虑是否必须融资、融资后的投资收益如何。因为融资是需要成本的，既有资金的利息成本，还有不确定的风险成本，因此，只有经过深入分析，确信利用筹集的资金所预期的总收益要大于融资的总成本时，才有必要考虑如何融资。这是进行融资决策的首要前提。

二是融资规模要量力而行。由于融资需要付出成本，因此在筹集资金时，要确定融资规模。融资过多，可能造成资金闲置浪费而增加融资成本，又或者可能导致负债过多，使自己无法承受，偿还困难，增加经营风险。而如果融资不足，则又会影响投融资计划及其他业务的正常开展。因此，在进行融资决策之初，要根据自己的项目对资金的需要、自身的实际条件以及融资的难易程度和成本情况，量力而行，确定合理的融资规模。

三是要选择最佳融资机会。融资机会是指由有利于融资的一系列因素所构成的有利的融资环境和时机。一般来说，要充分考虑以下几个方面：其一，由于企业融资机会是在某一特定时间所出现的一种客观环境，虽然创业本身也会对融资活动产生重要影响，但与创业的外部环境相比较，创业本身对整个融资环境的影响是有限的。在大多数情况下，创业实际上只能适应外部融资环境而无法左右外部环境，这就要求创业者必须充分发挥主动性，积极寻求并及时把握住各种有利时机，确保融资成功。其二，由于外部融资环境复杂多变，所以融资决策要有超前预见性，合理分析和预测能够影响企业融资的各种有利和不利条件，以及可能的各种变化趋势，以便寻求最佳融资时机，果断决策。其三，在分析融资机会时，必须考虑具体的融资方式所具有的特点，并结合自身的实际情况，适时制定出合理的融资决策。

当然，除了上面所说的，创业者还要做好自己的商业计划书，这是很容易被忽略的事情。事实上，商业计划书不仅被称为风险投资的敲门砖，更是融资过程不可缺少的融资文件，因此每一个融资人都应该做好一份商业计划书。

总之，投融资过程中需要大量的调查研究工作，最终协议的达成需要融资人和投资人经过数轮甚至几十轮的谈判、磋商。因此对于个人创业急需资金的融资人来说，应当对自己的项目有清醒的认识，把可能存在的风险都考虑到。

巧选银行，贷款也要货比三家

胡先生是苏州一家小微企业的企业主，企业主要生产电子元器件产品。企业成立以来，胡先生都是通过股东自有资金或者民间借贷解决融资问题。

可是随着企业的生意越做越大，需求的资金规模也随之扩大，股东自有资金已无法满足公司的融资需求，更为重要的是民间借贷成本过高，风险太大。胡先生表示自己并非没有想过向银行借款，可是，之前银行并没有针对小微企业的信贷产品，并且小微企业办理贷款都需要抵质押或者担保，直到建设银行推出了创业贷产品。

据了解，建设银行的创业贷产品主要着眼于企业及个人结算、信用记录以及家庭资产，采用信用方式无须抵押，无论是在贷款金额、贷款期限还是贷款利率方面，相比其他银行的小微企业贷款产品都具有一定的优势。而且"创业贷"的办理也非常方便，采用评分卡模式，审批所需材料简单，流程简便，最高可贷80万元。建设银行为了给广大小微企业主提供更加方便的融资服务，借助苏州市银监局最近开展的小企业金融服务月活动，推出了小微企业创业贷产品。看来，对于个人创业者来说，创业贷款是个很不错的选择。

创业贷款是指具有一定生产经营能力或已经从事生产经营活动的个人，因创业或再创业提出资金需求申请，经银行认可有效担保后而发放的一种专项贷款。符合条件的借款人，根据个人的资源状况和偿还能力，最高可获得单笔50万元的贷款支持；创业达一定规模或成为再就业明星的人员，还可提出更高额度的贷款申请。创业贷款的期限一般为1年，最长不超过3年。

现在，各银行会根据自己的实际情况，按照国家规定贷款利率范围进行贷款利率的调整。如有的银行仍然执行国家基准利率，而有的银行则在国家规定的基准利率基础上实行不同程度的上浮。比如同样是贷款10万元，借款期限都是一年，一个执行基准利率，一个执行上浮20%的利率，如果选择了后者，一年就会多1000多元的利息；再加上银行理财产品琳琅满目，因此，在有贷款需求时，要做到"货比三家"。

❖ 认准 "信得过" 银行

目前各家商业银行都开办了个人贷款业务，基本形成了产品系列。如果消费者因此而随意与其中一家银行 "攀亲"，就放弃了自己选择的权利。随着银行业竞争的日趋加剧，银行之间的兼并或停办相关业务的现象若干年后必然会发生。所以，在办理期限较长的个人贷款时，选择信誉好、实力大、经营管理机制新、发展后劲足的银行甚为关键，可以规避贷款银行可能带来的风险。

❖ 瞄准 "名特优" 产品

忽如一夜春风过，不经意间 "银行商店" 的货架上商品琳琅满目：住房、汽车、存单质押、耐用消费品、商铺、助学、旅游等，大多数银行给自己的 "信贷宝宝" 取了亮丽的大名，如工商银行 "信贷置家"、建设银行 "乐得家"、交通银行 "圆梦宝"、农业银行 "金钥匙" 等。它们都希望通过实施有效的品牌战略扩大影响，从而迅速占领市场。在种类、特点大致相同的前提下，个人信贷商品的质量特征更多地体现在银行的服务水平上，体现在产品的独一无二上。售前接待热情、介绍详细，售中手续简便、操作灵活，售后主动提醒、还贷方便，奏好这 "三部曲"，品牌效应自然会凸显。所以，在选择个人贷款商品时，要将服务放在首位。

❖ 算准 "利可图" 品种

在贷款利率没有市场化的今天，消费者在各大银行购买同类贷款商品的价钱基本上是一致的。但是，各银行在一些操作的细节上还是有所区别的，如在还款的要求上，交通银行给借款人提供 3 天的宽限期，每期还款日之后的 3 天还款不收罚息，不影响信用评分，有的银行则照罚不误；如在借款人提前还款时，有的银行按实际借款期收取利息，并不收任何手续费，有的银行则不然。

另外，一些商业银行在设计新产品的过程中，将客户放到重要的地位，尽可能给予一定的优惠。如交通银行推出的"个人组合贷款"新品种，借款人不仅可根据自己的需求，随意在该行所有个人信贷品种中选择组合，而且，借款人在办理住房按揭贷款后，第二次申请其他部分个人贷款商品可享受按该贷款基准利率下降 2% 的折扣优惠，第三次可享受 4% 的折扣优惠，依次类推，共计可享受五次优惠，第五次最高可享受 10% 的优惠。尽管优惠幅度不是太大，但由于个人贷款一般涉及金额较大，借款人获取的实惠还是较明显的。同样的产品，何乐而不为呢！

❖ 贷款技巧不可不知

如今，越来越多的"80 后"贷款买房买车，一时之间，银行提供的贷款业务成了时代的"新宠"。但是想要在银行成功贷款还是有点难度的，在一些特定时段想要获得贷款更不容易。下面就给大家分享一下成功贷款的几个小技巧，希望可以帮助更多的人成功贷款，见表 6 - 1。

表 6 - 1 成功贷款的小技巧

借款理由	贷款人在申请贷款的过程中，贷款理由应该坦诚并且清晰，详细写出贷款的用途以及个人还贷方面的优势，例如良好的个人信用记录

借款金额	贷款人在银行申请贷款的金额不宜太高，因为金额越大，失败的可能性也就越高，然而这并不是贷款人所希望的，他们肯定不希望自己的贷款资金在半个月内还看不到放款的动静。倘若贷款人所申请的贷款额较大的话，建议你适当降低贷款数额，这样通过银行审核的希望也就大大增加了
借款说明	详细填写申请资料，借款的用途、个人信用记录、收入来源、还款能力以及家庭收入等情况。以保证你不管何时何地何情况，都能够准时偿还贷款
贷款偿还	贷款之后必须按照规定的时间还款，切勿出现侥幸心理，耽误还款时间，从而造成不良的个人信用记录。另外，对于拖欠的贷款，相关部门也会尽全力追回

合理挪用，住房贷款也能创业

如果你有购房意向并且手中有一笔足够的购房款，这时，你可以将这笔购房款"挪用"于创业，然后向银行申请办理住房按揭贷款。住房贷款是商业贷款中利率最低的品种，办理住房贷款用于创业成本更低。如果创业者已经购买有住房，也可以用现房做抵押办理普通商业贷款，这种贷款不限用途，可以当作创业启动资金。

挪用住房贷款创业，首先要从银行取得住房贷款才行。个人住房贷款涉及贷款的条件、贷款额度和年限、流程、需要提供的资料和证明等，下面主要介绍一下个人住房贷款的方式及如何选择，因为这个问题相对来说更重要。

❋ 购房贷款的方式

个人住房贷款是指银行向借款人发放的用于购买自用普通住房的贷款。借款人申请个人住房贷款时必须提供担保。从银行方面说，个人住房贷款业务是商业银行的主要资产业务之一，是指商业银行向借款人开放的，用于借款人购买首次交易的住房（房地产开发商或其他合格开发主体开发建设后销售给个人的住房）的贷款。

目前贷款购房主要有以下三种方式，见表6-2。

表6-2 贷款购房的方式

住房公积金贷款	对于已参加缴纳住房公积金的居民来说，贷款购房时，应该首选住房公积金低息贷款。住房公积金贷款具有政策补贴性质，贷款利率很低，不仅低于同期商业银行贷款利率（仅为商业银行抵押贷款利率的一半），而且要低于同期商业银行存款利率，也就是说，在住房公积金抵押贷款利率和银行存款利率之间存在一个利差。同时，住房公积金贷款在办理抵押和保险等相关手续时收费减半
个人住房商业性贷款	未缴存住房公积金的人无缘申贷，但可以申请商业银行个人住房担保贷款，也就是银行按揭贷款。只要你在贷款银行存款余额占购买住房所需资金额的比例不低于30%，并以此作为购房首期付款，且有贷款银行认可的资产作为抵押或质押，或有足够代偿能力的单位或个人作为偿还贷款本息并承担连带责任的保证人，那么就可申请使用银行按揭贷款
个人住房组合贷款	住房公积金管理中心可以发放的公积金贷款，最高限额一般为10万~29万元，如果购房款超过这个限额，不足部分要向银行申请住房商业性贷款。这两种贷款合起来称为组合贷款。此项业务可由一个银行的房地产信贷部统一办理。组合贷款利率较为适中，贷款金额较大，因而较多被贷款者选用

❋ 最划算的购房贷款方式

个人住房委托贷款（公积金贷款）最划算，个人住房贷款（商业性贷款）利息负担最重，但具体的还款差别有多大，我们不妨进行一下比较。

假设某购房者夫妇俩欲购买一总价 50 万元的住房，以自有资金支付首付款 30%，即 15 万元，其余 35 万元申请 15 年贷款。夫妇俩月收入为 6000 元，月公积金缴存比例为 20%（企业与个人各负担一半），现公积金总额为 4 万元。商业性贷款的利息负担比政策性贷款高得多，达到了 1/3，月还款额多出 10%，总额多出近 5 万元，可不是个小数目。如此看来，自然应该选择个人住房委托贷款，但是不行，这对夫妇不能完全依靠个人住房委托贷款，即便他们现有的公积金达 4 万元，就是按 10 倍的较低倍率计算他们也可申请 40 万元的公积金贷款，但因为政策性贷款最高限额只有 30 万元，因此 35 万元还是不可以的。

因此，这对夫妇只有退而求其次，选择个人住房组合贷款。那么，他们每月的还款负担承受得了吗？说起来他们每月还款 2781.45 元，但其中一部分可以由他们还款期每月缴存的公积金抵付，金额最多可以达到总收入的 20%，即每月 1200 元，那么他们需要自行支付的供楼款每月只有 1581.45 元和他们 6000 元的月收入相比负担是很轻的了。不过，如果没有公积金的支持，完全依靠商业贷款，那么每月还款负担还是比较重的，但占总收入 50% 左右的供楼负担还是可以接受的。

建议购房者在确定购房预算时不妨仔细算一算，多列出几种选择，比较一下再去申请相应的贷款。

精打细算，合理选择贷款期限

银行贷款一般分为短期贷款和中长期贷款，贷款期限越长利率越高，如果创业者资金使用需求的时间不是太长，应尽量选择短期贷款。比如，原打算办理两年期贷款可以一年一贷，这样可以节省利息支出。另外，创业融资也要关注利率的走势情况，如果利率趋势走高，应抢在加息之前办理贷款；如果利率走势趋降，在资金需求不急的情况下则应暂缓办理贷款，等降息后再适时办理。

❖ 还款期限的选择

贷款期限是越长越好，还是短期的好？这主要取决于购房者的经济能力及其投资偏好。

一般来说，还款期限越长，则每月还款额越低，负担就相对轻一些；反之，还款期限越短，则每月还款额越高，负担就相对重一些。可见，延长还款期限的目的主要是降低每月还款额，但是否期限越长越好呢？

让我们来看一个例子。以借款1万元为例，如果1年还清，每月还款865元，如果2年还清，每月只需还款448元，每月还款减少413元，负担减轻50%左右。而比较19年和20年，19年的为每月还款76元，20年的为每月还款78元，同样是延长1年，每月负担只减少2元，约为2%。可见期限过长不能使每月还款额大幅度减少，而白白增添了利息负担。所以合理的期限为 5~8 年。

专家认为，假若限制一个期限较长的抵押贷款，每月付款额就相应较少，因而就容许有较多的资金积累用于改善生活品质或做其他方面的投资。而且购房者还可以根据自己的收入状况提前付清抵押贷款的余款，以避免长期的利息负担。但是，是不是选择抵押贷款的期限越长越好呢？这并不是好事，问题出在期限越长的抵押贷款所支付的利息占贷款总额的比例越高，而且随着收入的增长，过长的期限会造成过小的每月付款额，从而带来不必要的利息支出。举例来说，一个年利率 10%，10 万元的 30 年贷款，每个月利息费用 878 元，全部利息费用是 21.6 万元，是本金的两倍多，同样 10 万元的 15 年贷款，每月利息 975 元，虽然比 30 年的多了 97 元，但全部利息支出只有 9.35 万元，比 30 年少了 12.2 万元，还只花了一半的时间就还清了贷款。房地产投资专家认为，以年利 10% 为例，10 年的总付款额是抵押款的 1.59 倍，若选择 20 年分期付款总付款额便达到了抵押额的 2.3 倍。因此，购房者应根据自己的经济收入状况及未来预算，确定一个合理的抵押贷款期限，一般应选择 10~15 年贷款期限为适当。经验资料证明也如此。在香港 1990 年的一次房地产调查表明，年龄在 40 岁以下的首次购房抵押期为 14.2 年，40 岁以上的则为 11.7~13.3 年。

对资金比较充裕的人来说，长期贷款比较有利。可以借入长期资金，同时对外做出短期投资，短期投资的回报足以偿还长期借贷并有盈余。对于资金紧张的购房人，由于除了还贷以外，没有更多的钱做其他投资，所以还是首先考虑避免支出过多利息，中短期贷款比较合适。因此很难说是最好的一种，最主要的是购房人要依据自己的实际情况选择适合自己的贷款种类。

❖ 固定利率与浮动利率的选择

购房人在申请购房抵押贷款的时候，利率选择是不容忽视的因素。如果选择固定利率，在合同期每个月支付的出利率均相同，浮动利率则不同，是借款单位根据市场利率的变动不断调整的。固定利率比较简单，一旦申请了贷款，就不会发生变动，如果在合同期内市场利率往上涨，还可享受到低利率的好处，但如果在合同期内市场利率下降，原有的贷款利率不会相应下调，就会蒙受损失。浮动利率有银行根据市场利率的变动来调整，市场利率上升时，浮动利率跟着上升；市场利率下降时，浮动利率跟着下降，但由于调整利率的权利掌握在银行手中，购房者往往十分被动。特别是当遇到高通货膨胀时，利率的上扬，可能导致你根本无力承受利率的负担。由于浮动利率的不确定性，保守的购房者最好选择固定利率。

事实上，不管选择固定利率还是浮动利率，购房者应对两种利率在合同期内所支付的利息总额进行比较，哪种少支付利息就选择哪一种。同时，在我国，购房抵押贷款中的浮动利率是带着明确的上限指标的，比如最高不超过基准利率的 5 个百分点。这种带着上限指标的浮动利率，如果初期利率低，而计算出其最高时的利率也比较能够承担，购房者亦可大胆选择。例如初期利率为 5%，那么加上上限指标利率也不过 10%，如果你的经济能力不断增强，并且预计未来的通货膨胀率不会上升，那么，选择浮动利率未尝不可。

因此对购房者来说，如果追求的是利率稳定性和利息支出的安全性，就应选择固定利率；如果对自己的经济实力有把握，对利率变动的趋势明了，则可选择浮动利率。当然，比较两种利率的利息负担是必须做的事情。

❖ 首期付款额的选择

依据中央银行的规定，购房贷款不超过房价的70%，就意味着购房者必须准备30%的首期付款。购房款是10万元，就得自己出3万元；购房款是20万元，首期付款就达到6万元。建议购房者最好能申请到70%的抵押贷款。贷款越多越好，自付越少越好，当然这一切都应控制在你的负债能力之内。

每个人的财富积累不一样，对未来经济收入增长的预期不一样，消费偏好和投资偏好不一样，因而每个人会选择自认为合理的首期付款额。首期付款额低，就意味着合同期内每一期的付款额高，特别是利息负担多一些，但购房者会有多余资金用于改善生活品质和其他投资。如果其他投资的收益高于贷款利率，选择较低的首期付款额为好。更重要的是，由于目前的房价较高，人们的收入相对较低，就是储蓄够首期付款额也比较困难，因而选择最低的首期付款额是明智的，因为目前的购房贷款利率也是相当低的。在目前如此优惠的贷款利率条件下，能够申请多少贷款就尽全力申请，对一般工薪阶层来说，只要不是盲目地追求越大越好的房屋，利息的支出是比较容易的。

有的人财富积累雄厚，经济收入可观，也没有其他的投资偏好，愿意申请比较少的抵押贷款，而愿意支付比较多的首期付款也是可以的。因为房屋本身具有增值性，将帮他们获得更多的财富。如果你的财富虽然累积较多，收入也较可观，但除了购房以外，还有其他比较在行的投资机会，那么，不妨选择尽量低的首付款，其他方面的收入会大大降低利息的负担。不管怎样说，在你的负债能力范围内，选择最高的抵押率、最小的首期付款额，是明智之举。

用好政策，享受银行和政府的低息待遇

创业贷款是近年来银行推出的一项新业务，凡是具有一定生产经营能力或已经从事生产经营活动的个人，因创业或再创业需要，均可以向开办此项业务的银行申请专项创业贷款。创业贷款的期限一般为 1 年，最长不超过 3 年，按照有关规定，创业贷款的利率不得向上浮动，并且可按银行规定的同档次利率下浮 20%。许多地区推出的下岗失业人员创业贷款还可以享受 60% 的政府贴息。

申请贷款时，借款人都希望可以获得低息贷款，这样不仅可以减轻还款压力，也可以节省贷款成本。那么，如何才能享受低息贷款呢？

❖ 选择政策性贷款

政策性贷款是指国家为了扶持特定贷款人的特定贷款用途，而发放的一项贷款。常见的有个人住房公积金贷款、国家助学贷款、小额担保贷款和创业贷款。

一般来说，政策性银行贷款利率较低、期限较长，有特定的服务对象，其放贷支持的主要是商业性银行在初始阶段不愿意进入或涉及不到的领域。例如，国家开发银行服务于国民经济发展的能源、交通等"瓶颈"行业和国家需要优先扶持领域，包括西部大开发、振兴东北老工业基地等，这些领域的贷款量占其总量的 91%。进出口银行则致力于扩大机电产品和高新技术产品出口以及支持对外承包工程和境外投资项目。农发行主要承担国家政策性农村金融业务，代理财政性支农资金拨付，专司粮棉油并购、调销、储备贷款业务等。

❈ 选择向银行申请贷款

虽然说银行会根据申请人的情况，对贷款利率有所上调，不过比起其他的贷款机构，上浮的幅度会小许多。但同时，银行不接受资质较差的贷款人的申请。

❈ 选择抵押贷款

虽然说信用贷款更加受大家的喜爱，不需要提供抵押物，不过在通常情况下，信用贷款的利率高于抵押贷款。这也是资质越好的申请人，贷款利率越低的原因。因此，信用记录好的借款人可以考虑申请信用贷款，而如果资质不是很好的借款人名下有抵押物，首选抵押贷款。

抵押典当是指当户将其不动产抵押给典当行，交付一定比例费用和利息，取得当金，并在约定期限内支付当金利息、费用、偿还当金、赎回当物的行为。利息加费用合并为月3%左右。

汽车抵押贷款是以借款人或第三人的汽车或自购车作为抵押物向金融机构或汽车消费贷款公司取得的贷款。以汽车作为抵押物的贷款的用途，主要为汽车消费（当然汽车贬值快、交通事故影响车辆价值概率大，金融机构以汽车作为单一抵押方式发放贷款的方式相对较少）。而汽车抵押借款服务平台"宜车贷"的出现，为拥有私家车的人群提供了一个短期融资借款的新渠道。

到宜车贷，客户可用自有车辆的所有权进行抵押，获得短期融资。它突破了传统车辆抵押借款模式，提出"无须押车"服务，申请车贷者仅需在抵押车辆安装 GPS 定位系统，便可在办理手续后继续使用车辆，而不需要像传统车辆抵押借款那样将车辆质押，不会因为爱车被质押而丢了面子或导致出行不便，且最快可实现当天获取资金。

房产抵押贷款是指借款人以已购商品住房抵押，贷款银行为借款人提供一揽子资金服务，满足其购买住房、车位、大额耐用消费品、汽车和住房装修等多种需求的人民币贷款。金融机构在规定的抵押率范围内，给予借款人一定的授信额度。一般情况下，金融机构对贷款的审批、放贷的周期较长，而房产抵押借贷服务平台——宅优贷的出现，为借款人提供了一个快捷融资的新渠道。通过宅优贷，借款人可用自己名下拥有的上海地区住宅进行抵押，获得快捷融资需求。与金融机构对借款人设定较高的征信门槛不同，宅优贷在一定程度上降低了申贷门槛，为更多的借款人提供融资服务。同时，审批流程缩至 5 分钟，如材料齐全，最快当天获得所需资金，从而大大缓解了借款人"急用钱"的迫切需求。

想要申请低息贷款，需要提前了解相关贷款的条件，提前做好申请贷款的准备，成功获贷会更轻松。

亲情借款，成本最低的创业"贷款"

创业初期最需要的是低成本资金支持，如果比较亲近的亲朋好友在银行存有定期存款或国债，可以和他们协商借款，按照存款利率支付利息，并可以适当上浮，以便非常方便快捷地筹集到创业资金。亲朋好友也可以得到比银行略高的利息，可以说两全其美。不过，这需要借款人有良好的信誉，必要时可以找担保人或用房产证、股票、金银饰品等做抵押，以解除亲朋好友的后顾之忧。

近年来，翁婿之间、父母子女之间、兄弟姐妹之间、表兄弟姐妹之间等具有某种特定亲情关系的当事人之间因借款发生的民间借贷案件时有发生。单就案件本身而言，这类案件与其他普通的民间借贷案件没有什么区别。但是，基于这类案件当事人之间的特殊关系，处理不好往往会导致当事人之间矛盾激化，亲情尽失，甚至会导致当事人之间刀兵相见的悲剧，给社会带来不稳定因素。来看下面的案例：

黎某和黄某是表兄弟，两人平时关系很好。2012 年中秋节期间，黎某接到黄某的电话，请他到茶庄喝茶。在茶庄喝茶聊天的时候，黄某向其朋友吴某借钱，吴某当场答应，但在借钱给黄某的时候，提出要黎某作为担保人在借条上签名。因为考虑到黄某是自己的堂兄，虽然和吴某素不相识，但黎某还是顾及兄弟情面在这张 2 万元的借条上签下了自己的名字。借款到期之后，因黄某一直没有归还借款，吴某就将黄某告上了法院，而黎某作为担保人，也成了被告。此时，焦急万分的黎某去找堂哥黄某时才发现，黄某已不知所踪。

法院经审理认为，原告吴某与被告黄某之间的借款合同合法有效。被告黎某作为担保人，在借条上签字确认，担保法律关系成立，双方对保证方式未作约定，依法视为连带责任保证。遂判决被告黄某返还原告借款 2 万元，被告黎某对上述还款义务承担连带清偿责任。

法官提醒，借贷合同是一种常见的合同关系，为保证债权的实现，由第三人担当保证人亦属常事。但作为保证人，在债务人不能偿还借款时，依法应承担清偿借款的责任。同时，法律也赋予了担保人享有在承担清偿借款责任后向债务人追偿的权利。

❖ 亲情借款案件的特点

分析近年来发生的亲情借款案件可发现这类案件具有以下几个特点：

一是借款时往往碍于面子忽视完善借款手续和借款条件。由于当事人之间存在某种特定的亲情关系，借款时，当事人往往认为出具手续会使双方很没面子，即使约定了借款利息、还款时间等借款条件，也认为对方会考虑亲情关系按约定办事，不会昧了良心。从而忽视借款手续的完善。

二是诉讼的发生往往是由亲情关系发生变化引起的。这类借款案件，借款到期后如果当事人之间的亲情关系没有发生变化，当事人一般不主张首先主动寻求法律保护，往往首先考虑用亲情和面子去讨要借款。而一旦当事人之间的亲情关系发生了变化，当事人就会诉诸法律，形成诉讼。如原来存在翁婿关系当事人之间的借款，一旦一方当事人的婚姻状况发生变化，另一方当事人就会不顾原来的亲情向对方讨要，极易形成诉讼。

三是诉讼中往往缺乏必要的证据，存在举证不力问题。由于借款以及亲情存在时，当事人出于种种原因不注意完善借款手续和保全相关证据，一旦形成诉讼，当事人往往提供不出证明力强的书面证据，而往往用证人证据来弥补证据的不足。在这类案件中，证人一方面由于大多与当事人之间存在这样那样的亲情关系，其证明力往往相对较弱，在审判实践中是否采用还是个问题；另一方面，由于这类案件往往是因为亲情关系发生变化引起的，证人大多是当事人一方的亲属或者朋友，甚至是双方的亲属或者朋友，这样就会出现证人不愿甚至拒绝出庭作证的现象。这样，当事人就会因为证据不力而导致败诉，丧失通过法律途径来保护自己合法权益的机会。最后，这类案件中的证人不论是否出庭作证，都容易加重亲情关系的破裂和扩大亲情关系破裂的范围。

四是这类案件的当事人往往情绪不稳定，容易激动。由于这类案件往往是因为亲情关系发生变化引起的，在诉讼中当事人会自觉不自觉地把因亲情关系发生变化引起的情绪带到诉讼中来，甚至会迁怒于对方当事人，这样就容易激化当事人之间的矛盾，使案件难以进行调解。

❖ 避免亲情借款纠纷的对策

如何避免亲情借款纠纷案件的发生并妥善解决这类案件，关乎社会的稳定。要避免这类案件的发生，主要在于借款当事人要严格按民间借贷的规律办事。

首先，牢记"亲兄弟，明算账"的古话，切莫为一时的"亲情"而迷糊，将钱借出时，一定要求借款方立据为凭，不要相信所谓的"君子协定"，不要因为碍于亲情关系而"懒笔"，要完善借款手续和借款条件，及时保全相关证据。

其次，当事人应遵照诚信原则，借款到期后借出人应及时向对方"讨债"，借款人也应当及时向对方清偿。对于如何妥善解决这类案件、避免当事人之间的矛盾激化这个问题，审理法官应从以下几个方面考虑：其一，要审慎对待当事人提供的证据，避免加重亲情关系的破裂和扩大亲情关系破裂的范围；其二，要充分利用当事人之间原来的和尚存的亲情关系做好调解工作，促成了双方互谅互解，尽力弥补当事人之间的情感"裂痕"，尽量避免以判决方式结案；其三，不要局限于就案件而办案件，要考虑到案件的社会效果，避免当事人之间的矛盾激化，兵戎相见。

提前还贷，提高资金使用效率

在创业过程中，如果因效益提高、货款回笼以及淡季经营、压缩投入等原因致使经营资金出现闲置，这时可以向贷款银行提出变更贷款方式和年限的申请，直至部分或全部提前偿还贷款。贷款变更或偿还后，银行会根据贷款时间和贷款金额据实收取利息，从而降低贷款人的利息负担，提高资金使用效率。

❖ 提前还贷

目前最常用的两种提前还贷方式为等额本息还款法和等额本金还款法。等额本息还款法，即借款人每月以相等的金额偿还贷款本金和利息。这种方式在偿还初期的利息支出最多，本金还得相对较少，以后随着每月利息支出逐步减少，归还的本金就逐步增多。等额本金还款法，即借款人每月以相等的额度偿还贷款本金，而利息随着本金逐月递减，每月还款额亦逐月递减。在贷款时间相同的条件下，等额本息还款法所要支付的利息高于等额本金还款法。因此，如打算提前还款，最好选择等额本金还款法。

提前还贷主要是为了减少利息，尤其是在贷款的前几年，本金基数大，利息相应也高。因此，理财专家建议，在贷款的前几年，尤其是前5年间一定要争取多还款，使总贷款中的本金基数下降，在剩余的贷款中利息负担会减小。

❖ 提前还贷的方式

按还款方式，借款人可以选择期限减按或金额减按。据了解，目前多数银行都能提供五种提前还贷的方式，供客户选择：

一是全部提前还款，即客户将剩余的全部贷款一次性还清。此方式不用还利息，但已付的利息不退。

二是部分提前还款，剩余的贷款保持每月还款额不变，将还款期限缩短。此方式节省利息较多。

三是部分提前还款，剩余的贷款将每月还款额减少，保持还款期限不变。此方式减小月供负担，但节省程度低于第二种。

四是部分提前还款，剩余的贷款将每月还款额减少，同时将还款期限缩短。此方式节省利息较多。

五是剩余贷款保持总本金不变，只将还款期限缩短。此方式月供增加，减少部分利息，但相对不合算。

理财专家建议，提前还款应尽量减少本金，缩短贷款期限，使支出的利息更少。

❖ 如何还贷才划算

如果选择的是商贷和公积金构成的组合贷款，先还商贷会"优惠"很多。由于公积金贷款含政策性补贴的成分，所以贷款利率比商贷低不少，加息幅度也比普通商贷小，所以购房者提前归还贷款利率较高的商贷，相对划算些。

如果是纯商业贷款，那么又有两种还款方式。据专家分析，两种还款法相比，由于同样贷款贷了一段时间后，"等额本息还款法"所要支付的利息将高于"等额本金还款法"，而在提前还贷时已支付的利息是不退还的，这就相对多支付了许多原本不应该提前支付的利息。因此，如果有提前还贷打算的，选择"等额本金还款法"贷款比较好，这样提前还贷比较划算。

但是，并非所有的人都要用"等额本金还款法"来还贷，这要看自己的财政计划如何了。对于高薪者或收入多元化的人们，不妨采用"等额本金还款法"；假如你现在的资金较为雄厚，又不打算提前还款，建议也采用"等额本金还款法"还贷。因为，这种还款方式虽然前期资金压力较大，但可减轻日后压力，其特点是随着时间的推移，越到后来还款越少、越轻松。如果是一位公务员、普通教师、一般研究人员或者是一位工作四平八稳、与世无争的人，建议还是选择"等额本息还款法"。

如果贷的是等额本息还款的，那么在前10年这种做法基本划算。因为该种贷款方式在还款初期支付的多是利息，本金占的额度比较小，提前还贷可以减少大笔的利息支出。争取这几年能多还款，使本金基数下降，从而减轻利息负担。

从节省利息的角度看，缩短贷款期限是一个不错的选择，因为时间缩短了，每月的还款数量不变，就加快了归还本金的速度，支出的利息也会减少。

❖银行方面的规定

有关专家表示，提前还贷要弄清楚不同银行的提前还贷规定。目前，银行一般都规定在借款期内、贷款发放满一年以后，经银行同意，市民可书面申请提前归还部分或全部贷款。各家银行对于提前还贷的规定各不相同，建议市民在决定提前还贷前务必弄清贷款银行的操作流程，提前预约。

按照各家分行的说法，其实贷款的事情，很多操作的权利都掌握在支行手里，具体的业务办理也需要和自己贷款所在的支行来进行，所以市民要了解关于提前还贷的程序问题，最好的途径是联系当时办理贷款的业务员或者客户经理，按照他们所属支行的具体规定来操作。

另外，加息后新的利息标准将在新的一年开始时计算，所以，即使要提前还贷，也要把握好时机，尽可能在新利息生效前一年的年末提前还贷。

拉投资常见的方式及可能的风险

一个项目的发展高度如何，能不能发展起来，主要看资金是否能够及时到位，有没有资金的支持，因为创业的每一个地方都是需要花钱来铺路的。但是一个项目，在刚开始创立期间，能够认可这个项目的投资者比较少，所以就造成了很多项目都是因为"没有奶喝"而夭折了。

※拉投资的方式

拉投资注定要有风险性，那么我们要合理地避免哪些方向的资金合作形式呢？

一是本息返还。这种做法一不留神就会涉及非法集资。其实质就是承诺

· 153 ·

给予本息返还，就是说你的本钱是我借的，而且我还给你高额回报。

二是不搞假公司。个人以公司的名义进行拉投资，没有公司的情况下，凭空捏造了公司，并且以假公司的章进行签订了协议，这属于融资诈骗。常见的拉投资的形式有如下几种：其一，个人没有公司，但是有项目策划书，凭项目策划书来拉到投资，然后去注册公司，通过公司股份的形式进行合作分成，常见的合作方式就是专利合作，专利合作基本上都是这种形式。其二，个人有公司，以公司的名义发布项目策划报告，然后拉到投资，进行股份合作。其三，个人没有公司，有策划书，凭策划书拉到投资，然后注册公司，以项目合作的形式进行分成，投资者不占公司股份。其四，个人有公司，以公司的名义发布项目策划报告，拉到投资，然后以项目合作的形式进行分成，投资者不占公司股份。这四种合作方式，均为风险投资。

三是股份合作。没有公司，有策划书，以个人的形式进行拉投资，这种需要特定的圈子，就是说前提是大家认可你这个人，以公司股份的形式进行合作，一般都是比较熟悉的朋友才采取的这种形式。因为股份合作有优点，也有缺点，那就是公司开展其他的业务，他也要分成，所以这个一般出现在大型项目以及少数人合作的情况下，一般都采取公司股份制合作。有公司，有策划报告，这种以公司的形式进行拉投资，相对来说信誉度就要高一些，对于一些大额的、少数人投资的项目，一般都采取股份进行分成。

四是项目合作。其一，以个人的形式，以策划报告作为吸引资金的前提，然后进行项目合作的形式，这种主要是方便管理多人投资的形式，这样单独的项目、单独的财务策划，就很轻松地做起来了，也不妨碍公司的其他业务。其二，以公司的形式，以策划报告作为吸引资金的前提，然后进行项目合作，这种主要是指的一些公司有了一些业务，而这个新的项目与公司的业务没有关系，可以采取单独的项目单独的合作形式。

五是招商方式。在过去，VC 投资都是大额独家投资，而现在有一种小额的多人投资出现了，这种投资一样可以实现资金的快速周转。例如现在你有非常不错的项目投资就盈利，但是你现在就是没有资金，这个时候你就可以发布招商广告，这样就会有很多资金的注入，使你很快地发展起来，一个项目的发展速度，就决定了这个项目的资金运作能力。

招商方式类似于众筹模式。举个简单的例子，你要是买房子，可能需要工作 10 年才买得上。假如你找人合伙投资房产，每个人出 5000 元，40 个人签订协议进行投资，按照平均投资的方式进行合作，发起人可以免费住这个房子，在房子销售以前，不得撤出资金，房子投资周期为 2 年。凡是一起投资 5000 元的朋友，你都带着他们一起做项目，大家就成了一个巨大的朋友圈子，这样你就有免费的房子住了。

※ 投资风险的回避

风险是指未来发生不利事件的概率和可能性。任何投资都有风险，防范和规避风险可以采取以下的总体对策：

一是风险控制。在实施风险控制策略时，最好将项目每一具体风险都控制在可以接受的水平上，单个风险减轻了，整体风险就会相应降低，成功的概率就会增加。

二是风险转移。其目的是通过若干技术手段和经济手段将风险部分或全部转移给其他人承担。通过这种转移实现分散，风险带来的压力就会降低；同时，大家风险共担，有利于有效对抗风险，减少损失。

三是风险自留。对一些无法避免和转移的风险，采取现实的态度，在不影响投资者根本或局部利益的前提下，自愿将风险承担下来。

当然，在具体实施过程中还涉及很多问题，诸如技术问题、心理问题、理念问题等，但这些具体的要务都是在上述总体对策下进行的。由此也可以看出，规避风险是对投资者综合能力的挑战。

❀个人创业融资如何应对投资人

投资人考察企业创业时，最想知道的是"创业逻辑"。所谓逻辑就是你怎样思考问题，以下几方面内容虽然说的是企业，但个人创业者同样需要参考，见表6-3。

表6-3　企业融资如何应对投资人

企业定位	投资人总是首先试图从创业企业的商业计划书中获得创业者对于企业的定位，进一步说就是创业者得有与众不同的定位
执行摘要	这是吸引投资人了解你的计划的机会。在硅谷，比较标准的商业计划不会超过20页，执行摘要不超过300字
正当性	要解释为什么要做、为什么现在做、为什么由你来做。正当性不是合法性，而是正确性。拥有知识和技术的创业者通常都是发现问题，然后就去解决问题，而往往没有很好地诊断问题
创业者承担什么风险	创业者不可以为自己准备"救生艇"。投资人要看创业者的风险是什么，创业者将为企业投入多少时间、多少资源、多少金钱，是否愿意为创业放弃已经非常稳定的工作和收入。投资人不会愿意承担比创业者更大的风险
远景与模式	这需要将好的构想妥善包装。创业者应当为企业描绘一个清楚的远景，让投资人能有所期待
产品与服务	这要求创业者既能说明创意，又能保护自己的知识产权。创业者并不需要将创业计划中的核心技术问题全面透露，让投资者感到有新意、有市场即可

最想解决 的问题	要解决问题而不是制造问题。因为投资人对创业的领域可能会很陌生，投资人可能会认为不需要太大的成本就能达到同样的效果。创业者要清楚界定准备解决什么样的问题，而不要过度设计
顾客在哪里	创业者应当为投资人解释，企业如何以好的产品和服务开发顾客，要让顾客体验到价格以外不可替代的价值
竞争者 在哪里	新经济时代，竞争者无所不在。告诉投资人竞争者在哪里，即让投资人知道他投资的潜在风险是什么。同时，要说明创业企业的核心竞争力
市场前景	创业者应该有一个快速成长的规划，应当告诉投资人，你有多大的野心，你将在多长的时间内获得多大的市场占有率，投资人才有机会因投资得到回报。创业者还要证实此推论的可行性

第七章 经典案例：中国五大互联网公司的投资逻辑

商业融合是时代趋势，企业通过融合实现融资和融智，是一种必然的途径和选择。中国五大互联网公司的并购特点是：腾讯贪，一切并购都是为了最大化利用其社交红利；阿里全，玩资本游戏超级拼图；百度狠，目标精准、并购低调，只为完善"中间页"战略；小米直，完全是在学习苹果模式；奇虎360难，虽沦为"抬价侠"却誓欲困境突围。它们的投资并购背后的逻辑值得广大创业者和投资者参考。

腾讯：绝不浪费一点"社交红利"

现在，互联网世界一切可以赚钱的地方都出现了腾讯的身影。其实是一切用户行为构成了社交，因为人本质上是群居动物。有了6亿多用户及不可撼动的关系链，腾讯在PC、手机凭借QQ、微信双双垄断，并持续价值最大化，市值越来越惊人。

腾讯的行动逻辑是：如何最大化挖掘 6 亿多用户的价值。社交本身并不赚钱，赚钱的是游戏，是广告，是电商。所以，前几年腾讯的业务扩张和并购都是基于这个逻辑，并购美国、韩国的游戏公司，做搜搜和拍拍，入股艺龙，都是为了最大化利用其社交红利。腾讯的对外布局中，核心链条是将其社交红利最大化，围绕其 6 亿个具有较强黏性的用户深入挖掘用户价值，无论是电商、游戏、广告还是其他服务，都是基于关系链所衍生出的高附加值的产品和服务。反映出腾讯在融合方面的非凡智慧。掌舵腾讯基金的腾讯副总裁、腾讯基金董事总经理彭志坚对外称，腾讯基金的投资策略是战略价值优先，财务价值并重，而投资阶段和投资方式则显得并不是那么重要。

❖ 腾讯的并购战略

在互联网的江湖里，过去的腾讯以"模仿、抄袭"闻名，惹人恼，惹人恨；现在的腾讯以"投资、并购"著称，被人夸，被人赞。2010 年轰动整个中国互联网界的"3Q 大战"之后，腾讯逐渐抛弃了"模仿、封闭"的方针，以"孵化、开放"的战略取而代之，之后腾讯大手笔的对外并购，便是这种战略转型的具体体现。

新财富的统计显示，腾讯自上市以来，对外并购投资支出累计已超过530 亿元，年报中有披露的投资标的累计超过 80 个，几乎遍布互联网的各个细分领域，而未曾披露的早期项目更是数倍于此数目。而这逾 530 亿元的投资支出中，高达 98% 发生于 2010 年之后。

2014 年 6 月 27 日，腾讯发布公告称，与 58 同城达成战略投资协议，将出资 7.36 亿美元认购 58 同城发行的股票，交易完成之后腾讯将持有其19.9% 股权。这是腾讯最近几年大手笔并购的最新一例，也是 2014 年以来其所入股的第六家上市公司。

此外，在国内诸多企业走出去举步维艰、屡战屡败时，腾讯的海外并购却已然横跨亚、欧、美三大洲的 10 个国家与地区，初步奠定了全球化的基础。通过投资参股的形式，腾讯不断培育着产业链的上下游，以打造一个以 QQ 及微信为核心基础平台和全面开放的互联网生态圈。

❈ 腾讯并购的特点

事实上，腾讯对于并购标的的选择，都是从产业链战略协同的角度出发，重在谋求控制权，并且日后并不打算进行财务退出。对于某些关键的并购标的，腾讯甚至可以承受并购之后短期内的巨亏。

一是产业链投资，战略控制。腾讯的全产业链投资特征，在游戏领域呈现得最为明显。腾讯先后打造了三个游戏运营平台——休闲游戏平台、竞技游戏平台和移动游戏平台，可以说是国内网游领域的集大成者。在国内网游市场，腾讯的份额占据半壁江山，营收超过网易、畅游、盛大、完美、巨人等巨头之和。

依托自己作为游戏运营商的强势地位，腾讯在自主研发游戏的同时，也在游戏产业链的上下游进行了大量的并购。早在 2005 年，腾讯即入股了从事网游开发的深圳网域，该公司目前已经成为中国为数不多的拥有自主 2D、3D 游戏引擎技术及知识产权的公司。同年，腾讯走出国门，并购了韩国网游开发商 GoPets Ltd. 的少数股权。

腾讯所进行的几次里程碑式的游戏产业链并购均发生于韩国及美国。2010 年，腾讯联手风投基金 Capstone Partners，在韩国打包投资了 7 家游戏开发公司，总额近 1 亿元，其中就包括腾讯所代理运营的 "QQ 仙境" 的研发公司 Next Play。2011 年，腾讯以约 4 亿美元的总代价并购了美国游戏开发商 Riot Games 公司 92.78% 的股权。在之前的 2009 年，腾讯曾入股 Riot Games 公司 7.5% 股权，并且获得了该公司唯——款网游且日后风靡全球的"英雄联盟"之中国独家代理权。

腾讯并不满足于并购上游的游戏开发商，而是更进一步并购游戏开发的上游——游戏引擎公司。2012 年，腾讯以约 3.3 亿美元的代价，拿下美国 Epic Games 公司 48.4% 股权，并且获得相应董事会席位。该公司作为全球知名的网游公司，其研发的"虚幻 3"游戏引擎，为全球无数的网游开发公司所采用，客户几乎包括了世界所有的大型游戏开发商，如微软、索尼、EA、THQ、NCSoft、Webzen 等。

除了上游的游戏开发及游戏引擎，腾讯的并购还同时向下游——游戏渠道和游戏辅助延伸。比如，2012 年通过并购 Level Up，掌握了巴西、菲律宾及美国部分游戏分发渠道；同年并购的 ZAM 公司，则是知名的游戏插件社区。

在传统端游之外的手游领域，腾讯同样是全产业链并购。比如，2014 年耗资 5 亿美元入股的韩国 CJ E&M 旗下游戏公司 CJ Games，便是知名的手游开发商，其开发的游戏曾长期位居韩国各大排行榜前列，腾讯目前在微信及手机 QQ 平台上运行的"天天富翁"、"全民砰砰砰"即出自该公司之手。不仅如此，在此次并购交易中，CJ Games 还将合并 CJ E&M 旗下的游戏发行部门 Netmarble，腾讯自己开发的手游今后便可通过此渠道进入韩国市场。此外，腾讯 2012 年并购的韩国 Kakao Corp，也为手游渠道分发商。

实际上，腾讯的全产业链并购并不仅体现在游戏领域。自 2010 年以来，其在电商领域及移动互联网领域的并购，基本都是全方位出击，全产业链布局。

二是分阶段增持，鲜有退出。对于诸多并购标的，腾讯最终都是采取分阶段蚕食，及至最终实现控股甚至全资并购。虽然腾讯进行了为数众多的并购，但却鲜有退出的案例。

在游戏领域，腾讯 2005 年并购了深圳网域 19.9% 股权，2007 年进一步增持至 60%，2010 年将其全资并购。2005 年，腾讯入股韩国手游公司 GoPets Ltd. 8.33% 股权，并于 2006 年进一步增持至 16.9%。2008 年，腾讯并购越南游戏公司 VinaGame 20.2% 股权，2009 年进一步增持至 22.34%。2009 年，腾讯获得美国游戏公司 Riot Games 7.5% 股权，2010 年增持至 22.34%，2011 年更进一步并购 92.78%。2012 年，腾讯并购了 Level Up 49% 股权，之后又增持至 67%。

在电商领域，腾讯 2011 年并购了易迅 21.7% 股权，2012 年进一步增持至 58%。在移动互联网领域，腾讯对滴滴打车也是连续数次追加投资。此外，腾讯对印度某互联网公司及某风险投资基金（腾讯未披露具体名称），也同样采取了分步增持的方式。

三是重在培育，甚至接受亏损。产业投资者的并购不能简单算财务账，腾讯亦如此。有时候某些小的并购，在日后却发挥了极为重要的战略作用。

2005 年腾讯并购 Foxmail 时，虽然仅花费了不足 1600 万元，此项目本身日后也并未给腾讯带来实际的财务收入，但 Foxmail 之父张小龙领衔的团队，却在几年之后开发出了腾讯现时称霸移动互联网领域的武器——微信。这笔并购账显然是无法用具体的财务指标来衡量的，谁又能想到，仅 1600 万元就能"买"一个微信回来呢？

类似通过并购培育的项目不止微信一个。深圳网域是腾讯 2005 年并购的第一家网游公司，并购代价总计约 2.9 亿元，网域被并购之后的代表作是 2007 年推出的"QQ 华夏"。2011 年，深圳网域变身为"光速工作室"，成为腾讯游戏八大自研工作室之一，并且肩负着腾讯从端游向手游扩张的重任。微信游戏平台上一炮走红的"全民飞机大战"即出自该团队之手，此外还包括"节奏大师"、"全民精灵"和"全民小镇"等。

2011 年 2 月，腾讯耗资 4 亿美元并购美国游戏公司 Riot Games 92.78% 股权时，该公司唯一的一款 3D 网游"英雄联盟"尚处于研发之中，因而当年为腾讯带来了高达 8.21 亿元的巨亏。但 2011 年 9 月"英雄联盟"推出之后，游戏玩家迅速增长，并于 2013 年步入快速发展期。根据 SuperData 披露的网游交易数据，"英雄联盟"2013 年收入为 6.24 亿美元，位居全球游戏收入榜第二位。腾讯在其 2013 年年报也特别指出，"我们亦显著受益于'英雄联盟'在国际市场的贡献增加"。根据 2014 年 1 月官方最新数据，"英雄联盟"的同时在线人数已突破 750 万人，超过"魔兽世界"的最高同时在线人数，刷新了纪录。

腾讯的并购，有的是直接为创收服务的，有的则是专门并购作为成本中心——为用户体验服务的。2010 年，腾讯耗资 2.93 亿元全资并购社区软件公司康盛创想，并购当年仅为腾讯带来 475.7 万元的收入，亏损却高达 1112.2 万元。

四是并购升级，大举进入上市公司。除了投资创业型企业之外，自 2010 年起，腾讯的并购触角开始伸向上市或拟上市公司，并购标的遍及沪深、中国香港、美国、伦敦等资本市场。

腾讯首次出手上市公司，是 2010 年出资 3 亿美元投资于伦敦上市的俄罗斯社交网站 Mail.ru，但这实际上是对该公司上市前的一项 Pre – IPO 投资。

腾讯之所以能够入股俄罗斯最大的社交网站 Mail. ru，主要是因为腾讯的大股东南非 Naspers 已先行入股，腾讯算是跟投。

2011 年腾讯第一波大规模入股上市公司，一年内接连入股了艺龙、金山软件、华谊兄弟、寰亚传媒、顺网科技 5 家上市公司；2012 ~ 2013 年，腾讯的脚步稍稍停顿，仅入股了文化中国传播一家上市公司；2014 年，在阿里的贴身肉搏式并购攻势下，腾讯对上市公司的并购迅猛提速，在半年之内先后入股（或追加投资）了京东、乐居、华南城、猎豹移动、四维图新、58 同城等多家上市公司。腾讯所入股的上市公司中，除了寰亚传媒之外，其他皆赚得账面盈余，目前账面回报倍数最高的当属猎豹移动。

2011 年 8 月，腾讯首次向猎豹移动的前身金山网络投资 2000 万美元，获得 10% 股权，2013 年 6 月又追加投资 4700 万美元将持股比例提高至 18%。2014 年 5 月，金山网络更名为猎豹移动，并完成赴美 IPO，腾讯在猎豹移动的 IPO 中再出资 2000 万美元参与认购。腾讯在猎豹移动累计的总投资折合人民币 5.44 亿元，目前持有 16.99% 的股权，该股权目前市值折合人民币为 29.05 亿元，账面回报 5.34 倍。

对京东的投资，则是回报金额最高的。在京东 IPO 前夕，腾讯于 2014 年 3 月 10 日宣布对京东战略投资，以 2.147 亿美元现金 + 拍拍网全部股权 + QQ 网购全部股权 + 易迅物流全部资产，换取京东新发行的 3.517 亿股股票，占京东扩大股本后的 15%。腾讯之后的 2014 年第一季报进一步披露，此次入股京东的现金 + 资产总代价为 87.98 亿元。2014 年 5 月 21 日，京东 IPO 招股之时，腾讯再次斥资 13.11 亿美元购入京东 1.38 亿股股票，使其在京东的持股比例进一步提升至 17.9%。据此计算，腾讯先后两次认购京东股票的总代价高达 169.28 亿元，京东总市值 398 亿美元，折合人民币 2467.6 亿元，腾讯持股 17.9% 的市值为 441.7 亿元，账面浮盈高达 272.42 亿元，回报 2.61 倍。腾讯所入股的上市公司，基本都作为战略投资长期持有。

2012 年 1 月，腾讯以 2.48 亿港元认购文化中国传播发行的 6.19 亿股新股，占股 8%。入股之后，腾讯在该公司获得一个董事会席位。但在 2014 年 3 月 12 日，文化中国传播由 "腾讯概念股" 变身为 "阿里概念股" ——阿里出资 62.44 亿港元认购该公司新股，占扩大股本后的 60%。由于阿里的入股，腾讯在文化中国传播的持股比例由 8% 稀释至 3.16%。阿里入主文化中国传播之后，腾讯决定撤出该公司，于是持续减持该公司股票，目前已基本减持完毕。

无论是投资创业型企业还是上市公司，腾讯都以并购为手段，不断培育着产业链的上下游，直奔 "以 QQ 及微信为核心基础平台、全面开放的互联网生态圈" 的终极目标。

阿里巴巴：资本游戏的超级拼图

行业中有一种说法，将阿里巴巴（以下简称 "阿里"）的并购定义为一场资本游戏的超级拼图。对自己庞大的投资网络，阿里的官方说法是更看重长期效果。这个说法十分巧妙，一方面，资本市场更喜欢听一个关于未来的大故事（亚马逊就是个例子）；另一方面，这也能转移对阿里深度整合投资标的的担忧。所以，阿里的投资行动既是资本拼图，也是布局未来。同样反映出阿里在跨界与融合方面的非凡智慧。

阿里的并购绝对是全方位布局，不仅吃大鱼，小鱼也不放过：社交方面投资陌陌、新浪微博；并购O2O基础应用高德地图、打车应用快的；音乐方面并购虾米网、天天动听；还投资众安保险、天弘基金等。这份榜单中包括地图、社交、工具、金融等多个领域，从投资策略来看，阿里的投资策略极为灵活多变，涉及领域也非常广泛，只要有价值的企业（无论是否与电商相关），阿里都会收入囊中。对阿里的全方位布局，阿里资本董事总经理张鸿平对外表示，阿里的投资思路可以分成两部分：一是和阿里业务能较强整合的，只要对阿里本身有益，控股也好，并购也好，占股多少，都可以谈；二是与阿里巴巴打造生态圈、平台有关的公司，强调布局和共生关联性。

❖ "线上一哥"的野心

从2013年开始，阿里就已启动围绕电商主业、针对性合作概念股的战略布局。2013年5月10日，阿里宣布战略投资高德地图2.94亿美元，以28%的股份成为第一大股东。阿里表示双方将会以移动互联网位置服务和深度生活服务的基础设施作为切入点，在数据建设、地图引擎、产品开发、云计算、推广和商业化等多个层面展开合作。2014年4月，阿里并购了剩余的72%高德公司股份。互联网评论人士洪波认为，阿里集团并购高德后，可为阿里的O2O加码。

2013年5月28日由阿里集团牵头组建的中国智能物流骨干网（CSN）项目在深圳启动，阿里、银泰集团、复星集团、富春集团、顺丰速运等物流企业组建了一家名为"菜鸟"的新公司，马云担任新公司董事长。8月18日，中储电子商务网上曝出中储股份董事长韩铁林与马云会晤一事，称双方就"菜鸟"合作问题进行了非正式探讨。中储股份拥有全国最大的仓储网络，在全国 30 多个中心城市和港口城市设有 70 余家物流配送中心和经营实体，运营土地 640 多万平方米。如此之大的土地、网络资源，无疑将是任何一家电商都竭力争取的资源。

除了借概念股拓展线下、弥补电商短板，阿里于 2013 年 6 月与天弘基金合作推出的余额宝不仅实现了其互联网金融的余额增值功能，更直接便利了网上购物、支付宝转账等。这其中，阿里概念股君正集团和金证股份分别为天弘基金提供资金和交易技术支持。

2014 年 4 月 4 日，恒生电子公告马云控股的浙江融信以 32.99 亿元完成恒生集团 100% 股权的并购。交易完成后，浙江融信将通过恒生集团持有恒生电子 20.62% 的股份。借助恒生电子，阿里不仅能获得金融 IT 领域的经验与技术，更为重要的是在与 BT 的竞争中抢到了新的入口，一揽子对接上了恒生电子深耕市场 20 年所服务的内地绝大多数基金、券商和其他金融机构客户，业务也从互联网金融产品创新演进到了金融互联网基础设施创新阶段。

针对电商主业特性及业务过程中涉及的长短板，阿里的概念股布局层层深入，顺势将电商牵扯的各渠道、各环节逐一收入囊中。

◈ 概念股版图扩张

与从电商流程上发掘、合作概念股相比，阿里对于借主战场——淘宝平台直接对个股产品进行推广的合作路径更为驾轻就熟。

2013 年 7 月，淘宝旅行与旅游网站——在路上、穷游网达成投资关系，腾邦国际的"商旅＋金融"模式及各地实时交通信息业务，更使其成为阿里在线旅游的头号概念股。8 月，淘宝网基金店开业，首只商品是泰达宏利淘利债券型基金，该基金的大股东是北方信托。泰达股份、天药股份分别持有北方信托5.43%、3.37%的股份，成为淘宝基金概念股。

据中国电子商务研究中心的报告显示，阿里与A股上市公司的合作实际上五花八门。一方面是集中于数据与金融，借支付功能打开新业务，如浙大网新与阿里云合作社保云系统；波导股份与阿里云OS系统合作；东软集团与阿里云签订3年战略合作协议。还有众多金融企业联手阿里推出金融新业务，如民生银行与阿里设立直销银行；中信银行和阿里推出网络信用卡；中国平安与阿里合作众安保险等。

另一方面，阿里在传统领域加强渗透。2013年2月26日，华联股份携手阿里试水O2O；3月31日，阿里宣布以53.7亿港元战略投资银泰商业集团；7月24日，上汽集团与阿里签署互联网汽车战略合作。

在海外，阿里的"概念"板块也迎来扩张。2013年9月10日，创维数码和阿里宣布合作推多款互联网电视；9月13日，中国电信与阿里签署战略合作协议，合作推动云数据中心的建设；12月9日，阿里对海尔集团子公司海尔电器进行28.22亿元港币的投资。

阿里招股书中的财务状况显示，2014年第二季度，阿里集团总营收157.71亿元，同比增长达46.3%，超过了上一季度的增速38.7%。净利润73亿人民币，同比增长了60%。截至2014年6月的12个月里，阿里的3个主要网络销售平台交易额达2960亿美元，超过eBay和亚马逊的总和。受益于此，阿里第一大股东日本软银的股价在过去的一个月中上涨了19%，持有阿里23%股权的雅虎上涨了18%。

2014年9月19日，马云和他的团队共同刷新了美国IPO募资纪录，马云终于问鼎中国首富，而国内资本市场的"阿里概念股"也纷纷"鸡犬升天"。至此，市面带有"阿里概念"的上市公司已超过30个。投资者对于整个电商包括阿里概念相类似上市公司的追捧力度非常强，如果没有这么高的追捧力度，不可能实现这么高融资金额和价格。事实上，国内 A 股市场上，电商板块上市公司，包括三六五网、生意宝、天虹商场、长江投资、上海钢联、苏宁云商、新宝股份、步步高、王府井、九州通、红旗连锁等都有望分享阿里上市带来的行业红利。

巨额的财富雪球正在越滚越大，阿里上市前后，其一手营造的概念股亦迎来暴涨，市场正沉浸于资本狂欢中。当然，所有的野心都必须囊括在阿里的庞大生态圈之中。

百度："中间页"的投资逻辑

百度似乎一直在专心做着属于自己的事情，其种种并购无不符合李彦宏对于"中间页"的定义。在百度的蓝图中，一切"中间页"都可以变成服务于百度综合搜索的垂直搜索。例如，去哪儿是在线旅游的垂直搜索，爱奇艺＋PPS 是网络视频的垂直搜索，糯米＋百度地图是 O2O 搜索。并购 91 和以前的 hao123 则分别抢占了移动互联网和传统 PC 的流量分发入口。

◈ 百度"中间页"战略

"中间页"是李彦宏于 2011 年 4 月在百度联盟峰会上公开提出的概念，指介于搜索引擎和用户之间的一类网站，如提供机票酒店搜索的去哪儿网、提供生活服务信息的 58 同城以及提供房产信息搜索的安居客等，从百度这一搜索引擎入口低价买入用户点击流量，通过为用户或广告主提供某种增值服务，从而实现流量价值的提升和最终变现，使得互联网商业模式完成闭环。

"中间页"这个词更早大约可追溯至 2010 年 3 月李彦宏与时任百度联盟总经理蔡虎的谈话，正是在这次谈话中两人首次提出了"中间页"概念。在当时，李彦宏发现百度只有 1/5 的关键词具有售卖价值，而在这 1/5 的关键词中大量长尾词的价值是被低估的，很多所谓"中间页"网站如 58 同城等，通过从百度低价买入此类关键词将用户流量导入自己的网站，再经过一系列运作后加价卖给更多的广告主。因此，在此次谈话后百度确立了"中间页"战略，通过投资或自建一批"中间页"网站，从而提升百度长尾关键词的价值。

随后，蔡虎被调任至百度电商事业部，将百度"有啊"改版并分拆成立"爱乐活"，也由此引发了百度在 2010 年、2011 年、2012 年的一系列对于视频（爱奇艺）、电商（耀点 100、乐酷天）、家居（齐家网）、房产（安居客）、旅行（去哪儿网）、生活服务（爱乐活）、招聘（百伯）、汽车手机（莱富特佰）、团购（知我网）等"中间页"公司的连续大手笔投资并购。

2013 年 11 月 1 日，去哪儿成功登陆纽交所，首日大涨 89%。成功上市，最激动的除了去哪儿团队，就属其第一大股东百度了。但百度激动并非因为去哪儿股价大涨为其带来的丰厚的投资收益，而是因为去哪儿成功上市证明了百度"中间页"战略的成功。当时一大波新闻公关都在借势 58 同城、去哪儿赞颂百度，外界才清楚地认识到李彦宏两年多前所说的中间页战略是多么明智，百度做了该做的事，稳固了搜索市场的霸权。

❈百度发展蓝图：PC 端的"中间页"，移动端的轻应用

在 2013 年 8 月的百度世界大会上，李彦宏提出了百度"轻应用"的移动

互联网发展战略，这一概念的提出与两年前的"中间页"处境颇为类似，没做出效果之前无论说什么也都只是停留在概念阶段，让舆论认可只有拿事实说话。

仔细观察，其实"轻应用"类似于百度在移动端的"中间页"战略，只是由于移动端的用户操作习惯与 PC 端不同，百度的"中间页"战略为移动端做出了针对性的设计调整。在 PC 端，网页之间的跳转非常容易，百度可以通过技术和营销等手段轻松地将流量引入到"中间页"网站。但到了移动互联网领域，以 APP 为主导的移动端用户体验已让网民不太习惯在 PC 端时的网页跳转，这就让百度无法直接将 PC 端"中间页"那一套方式直接复制到移动端，所以最后百度提出了"轻应用"的移动端概念。

无论是"中间页"还是"轻应用"，说白了都是百度的导流战略。百度的流量要倒给谁，到去哪里，这都需要先满足百度的利益，因为百度作为搜索入口，本身就是流量贩子，它需要依靠流量换钱，所以昨天百度在 PC 端积极地布局"中间页"战略，明天这一情况将会在移动端再度上演。

"中间页"战略是百度在 PC 端向垂直搜索领域的渗透，而轻应用是百度在移动端对垂直搜索的进一步把控，与百度关系紧密的可以最先享受到轻应用战略下的流量红利，当然百度在 PC 端上投资布局的一些企业将有机会在移动端获得百度的照顾。相比 PC 端可以同时点开多个网站去做对比选择，移动端用户体验更追究简单、直接、准确，谁能最先呈现在用户眼前，谁就能得到用户青睐。长此以往，百度轻应用战略很有可能在移动端对众多细分市场格局进行改写。

PC 端的"中间页"，移动端的轻应用，这就是百度要做事。百度以搜索起家，自然知道流量入口的重要性和价值，从百度近年的投资方向上来看，占据流量入口成为其最为明显的特征，而这也最符合战略协同效应，也符合百度创始人李彦宏曾经提出的"中间页"战略，也就是"在搜索引擎和传统产业中间的状态来给别人提供服务"。当然，去哪儿只是个案，百度的"中间页"战略还有很长的路要走。毕竟百度"中间页"战略不成功的案例也有很多，比如爱乐活、百伯等。

小米：安卓体系内的苹果梦

苹果手机在美国的价格并不虚高，大多数人都能享受苹果带来的生活便利和良好体验。苹果的形象是高端而不高价、先进、时尚、体验好，这样的品牌值得人尊敬。而小米 CEO 雷军毫不掩饰小米的"梦"，他说过小米要做成一家像苹果一样的公司，打造高端、平价、先进、时尚、体验好的小米手机，成为中国的"苹果"。这个"梦"不是所谓的"高端品牌"之梦，而是要"成为苹果那样令人尊敬的公司"，这才是雷军想要做的企业。为此，小米在产品上采取"一纵一横"的布局策略，利用开放的安卓体系做着封闭的苹果梦，目前看效果还不错。

在纵向领域，小米继续推进"软件＋硬件＋应用服务"的"铁人三项"策略，推出"米聊"，整合金山一系列服务，包括 WPS、金山云、西山居游戏，同时并购多看，补全其在办公软件、个人云、游戏、在线阅读等各个领域的短板，同时并购 1more、wiwide 等硬件公司。在 MIUI 体系内最大实现软件、硬件、服务的全部盈利，虽然其一直标榜硬件是不赚钱的。

在横向领域，推出手机后，小米又涉足了其他硬件领域，先后推出小米盒子、小米路由器、小米电视、音响、耳机、随身 WiFi 等一系列硬件。同时，将这些硬件智能化，整合在 MIUI 大体系下。而小米进军支付领域，其离最后的闭环只差一步！只要其继续补强应用服务上的不足，小米的威力将是惊人的。

通过"一纵一横"，小米科技打造的是一个跨界与连接的世界：把计算技术植入新的硬件，除了手机、平板、电视、路由器之外，还有汽车、冰箱、空调等所有硬件产品，为硬件赋能，在所有终端领域掀起一场智能革命；通过互联网技术实现这些终端的互联，在不同终端实现互联网内容与服务的共享、协同。

一贯大胆创新的雷军认为，跨界与连接是小米的梦想，也是计算技术与通信技术为这个时代所赋予的梦想，是一个大风口。显然，小米要通过新一轮的跨界与连接获得更大发展。

❖ "一横一纵"产品布局

推出小米旗舰机小米 note，进攻高端、中高端市场，小米科技意在通吃智能手机市场。

历经 7 年的发展，智能手机已经成为手机市场上的绝对主流市场。中国信息通信研究院发布的调查数据显示：2014 年全年，中国智能手机出货量达3.89 亿部，同比降低 8.2%，市场占有率达 86%；其中安卓手机出货量达3.49 亿部，同比降低 12.4%，占同期智能手机出货量的 89.7%。

智能手机市场相对成熟，变量不在智能手机在整个手机市场中的占比，而在不同定位产品的此消彼长。据瑞银估算，在 2015 年第一季度，苹果售出了6930万部iPhone手机。其中中国区的销量占到了35%，远超美国区24%的占比。这是中国第一次成为iPhone最大消费市场。

智能手机市场几近饱和，智能手机向高端市场迁移，这是当下中国手机市场的两个趋势。雷军顺势而为，小米手机的产品策略正是顺应了智能手机行业过去四年发展的路径：早期从中端爆发，潮人引领时尚；接下来则是在低端市场引爆，性价比为王；最后是高端市场繁荣，市场格局趋势趋于稳定。

雷军一直强调对节奏的把握：顺势而为，根据环境变化布局，正是雷军的节奏。

除了小米note外，2015年1月15日的发布会上，小米还发布了另外两款产品：一是小米此次推出了小米头戴耳机，二是"小米小盒子"。向更多的产品领域做多元化横向拓展，与小米手机纵向拓展同步进行，是小米产品策略的两个维度。

在横向拓展方面，小米产品拓展分了三个圈层。一是核心硬件圈层，包括小米手机，平板电脑，智能电视，小米盒子；二是小米投资的硬件产业链，目前已经投资的公司包括小米电源、华米手环、智米空气净化器、小米摄像头、智能血压仪等；三是小米电商开放平台，小米电商除了销售小米自己的产品外，也向第三方品牌开放平台。

软银创始人孙正义在一次论坛中表示，未来平均每个人身上的智能硬件将超过1000个，包括纽扣这样的小玩意。以圈层设计，解决了品类丰富性的问题。雷军的考虑是，以绝对封闭的方式进行，投入大、风险大、收益低；以圈层的方式进入这些行业，风险将被众多伙伴共担，同时利益共享，生态形成之后就会有高收益。为什么以手机为横轴？因为在未来的智能世界中，手机最重要，手机连接一切的控制中心。作这一判断的理由是，手机随时随地与人在一起，是四肢之外的第五肢。正是从这种意义上出发，智能手机被雷军看作"四肢的延伸"。

小米 note 发布，雷军正在完善小米"一横一纵"的产品布局，但远未完成，未来会进入更多硬件领域。

❄ 跨界与连接世界

2015 年 1 月，小米接连宣布了两个重磅消息：一是宣布完成 2014 年 6112 万台手机销量；二是宣布新一轮融资，小米公司估值 450 亿美元。两个消息抛给业界两个问题：一是小米是否到了增长的边界；二是小米为何如此值钱。

1 月 15 日，小米还发布了两个产品：一是通用智能模块；二是通用的控制中心小米智能家庭 APP。简单地说，通用智能模块会赋予所有硬件以计算与联网功能，小米智能家庭 APP 则统一设备连接入口，共享小米生态。

如何共享小米生态链？围绕小米手机、MIUI，小米公司已经形成了丰富的互联网应用与服务提供商，接入通用智能模块与小米智能家庭 APP，这些硬件就成了互联网应用与服务的入口，访问小米生态链中的互联网应用与服务。

这种模式并不新奇，在 PC 时代，最成功的模式是"wintelinside"，也就是在 PC 中使用英特尔处理器与预装微软操作系统，芯片相当于 PC 的心脏，操作系统相当于 PC 的神经控制系统，"wintelinside"周边是 PC 整机厂商，各种零部件应用提供商，各种应用与服务提供商。小米正是崛起于 MIUI 操作系统，MIUI 系统不仅提供给小米的产品使用，而且提供给第三方硬件厂商。

美的董事长方洪波亲临发布会现场。此前，美的以每股 23.01 元价格向小米科技定向增发5500万股，募资金额不超过12.66亿元。发行完成后，小米科技将持有美的集团1.29%的股份，并可提名一名核心高管为美的董事。根据当时的公告：小米与美的将在智能家居及其生态链、移动互联网业务领域进行多种模式的战略合作，包括双方在智能家居、电商、物流和战略投资等领域的对接。

当时外界对于小米科技与美的的合作模式十分好奇，通用智能模块与通用的控制中心小米智能家庭APP的发布，也等于发布了美的与小米的合作模式：未来美的硬件产品将植入通用智能模块与小米智能家庭APP。

小米科技的策略是开放，除了向美的这样的关联公司植入通用智能模块与小米智能家庭APP外，也会向其他厂商提供，且策略是一样的，不搞独家、排他战略，若通用智能模块成本为22元，授权给厂家只需要20元，未来可能更低。

这一策略由小米的运营逻辑决定：其他硬件厂商是产品思维，靠硬件盈利，而小米则是用户思维，尽可能多地获得用户。如何获得更多用户？把所有智能设备连接起来，以硬件为载体推送小米的服务，就能获得用户。

总之，横向跨越一切可以联网的智能设备，纵向软硬服务一体，构建了一个封闭的体系，每一个可以盈利的关口都具备十足的盈利能力。这就是小米的"苹果模式"。虽然其目前体量略小，但也一定程度上远离了巨头们的战场。所以，这就是小米的投资策略，继续补强其垂直生态链上的缺口，在安卓体系内做着苹果梦。对其他现在热热闹闹的O2O之类，雷军很淡定，不掺和。至于跨界与连接，对于小米还只是一个梦想，雷军已经走在拥抱梦想的道路上。

雷军给自己列了几个原则：第一，克制贪婪。其核心就是少做事情，把自己最核心的东西做好。第二，"横纵联合"。小米一直试图从战略策略上多交朋友，尽可能地广泛兼容，跟行业协同。第三，通过生态链的方式带动整个产业的转型升级。"心中无敌，便无敌于天下。"雷军说："如果你是这种开放性的心态，反而更容易做长。这就是我们一个比较大的策略。"

奇虎360：如何在围剿中杀出血路

创业公司一谈到奇虎360（以下简称"360"）并购，经常陷入两难选择：抬价可以，落单难；投资圈甚至有一种说法是，360投资部最大的价值就是推高创业公司估值，360是"抬价侠"。因为凡是360谈过的企业，都可能轻易被腾讯、百度、小米用更高价格抢走。"抬价侠"这个称呼曾让360的CEO周鸿祎哭笑不得，很多公司如果想卖给腾讯或百度，那肯定就会先和360"造绯闻"。最著名的莫过于搜狗与360，当初张朝阳就差跟周鸿祎"表白"了，可最后搜狗还是卖给了腾讯。对于百度并购91助手一事，周鸿祎公开表示帮助91助手抬价，其实也就是解解气罢了。

客观上看，相比BAT的资金和雷军的投资经验，360的体量还有很大差距，在投资经验上也不如雷军。有人称雷军为中国最成功的天使投资人。周鸿祎本有很大的机会并购搜狗，从而与百度死磕，不过随着腾讯的介入和搜狗本身的意愿，这笔交易流产了。目前的状况是，市场上好的对象要么竞价比不过BAT，要么不愿意买。除了其他巨头已经动手外，一般标的其实很难与360优势互补。还有一种情况是不敢卖，因为一旦被360并购，就意味着和腾讯、百度、小米为敌。

360 之所以被称为"抬价侠"，是因为它一路横冲直撞，公司成了百亿美元巨头的同时，也给自己树立了太多敌人，这样的环境下投资难度可想而知。在四巨头（百度、腾讯、金山和搜狗，BTJS）合围的局势下，在新的大融合趋势下，360 杀出血路，需要另辟蹊径。

◈360 遭互联网巨头围剿

在"3Q 大战"打响之前，行业中最为引人关注的是两大并购案：一是百度并购了 91 助手；二是腾讯参股搜狗，这两大并购案都赚足了业界的眼球。也让这两家拥有中国海外上市公司市值前两位的腾讯和百度公司，拥有了金山、搜狗、91 助手等小伙伴，整个百度、腾讯、金山、搜狗拥有了足够强大的力量。

从产品端来看 BTJS 拥有金山毒霸、腾讯电脑管家、百度卫士、百度杀毒四大杀软产品；拥有搜狗浏览器、QQ 浏览器、金山浏览器、百度浏览器四大浏览器产品；91 手机助手、百度手机助手、腾讯应用宝三大安卓市场，对奇虎 360 最核心的 360 杀毒、360 浏览器以及 360 手机助手等产品形成合围。

"3Q 大战"之后，BTJS 集团就已成雏形。几年过去了，许多人对于"3Q 大战"的记忆只剩下那个"艰难的决定"，实际上对整个互联网行业影响深远的，是那个五家公司的联合声明。可以说，如果没有五家公司的联合声明，360 不会扔出来"扣扣保镖"；如果没有"扣扣保镖"一天下载 2000万的巨量，马化腾不会使出"二选一"的艰难决定。那么，当初这五家公司的联合声明到底是什么？

2010 年 10 月 27 日，为了力挺腾讯，金山、百度、腾讯、傲游、可牛五家公司联合发布"反对 360 不正当竞争及加强行业自律的联合声明"。声称"揭露 360 的种种恶行，表达坚决反对 360 不正当竞争的行径，并呼吁加强互联网行业自律，为中国互联网的健康发展创造良好环境"。

实际上，按照原计划，这五家公司应该是金山、百度、腾讯、傲游和搜狗，王小川正要赴会，被搜狐集团 CEO 张朝阳紧急叫停，王小川被迫退出五家联合。而随着傲游逐步退出浏览器市场，可牛合并到金山公司（可牛的控制人实际上就是金山网络 CEO 傅盛），腾讯控股金山，参股搜狗，原来的五家联合演变成今天的包括百度、腾讯、金山、搜狗的 BTJS 集团。但它们的任务没有改变，仍然是全力围攻 360。

为了加强金山与 360 战斗的能力，腾讯加大力度，通过 QQ 对金山毒霸进行捆绑推广，甚至以向用户赠送农场狗粮、升级 QQ 等级、直接送 Q 币、送会员等方法进行推广，希望通过腾讯 QQ 的不断输血，让金山毒霸有实力与 360 一较高下。

2012 年 8 月，360 进军搜索，遭到百度的全力狙击。不仅如此，百度为了在移动应用分发市场上与 360 相抗衡，以"金钱换时间"的方式用 19 亿美元的"天价"将 91 无线收入囊中，其"豪爽"的程度，令帮助"抬价"的周鸿祎都略感意外；而腾讯则在 360 放弃搜狗后，毅然决然斩断其培育多年的 SOSO，闪电入股中国搜索市场的第三把交椅。引用知名 IT 评论人谢文的评价，腾讯入股搜狗，就是典型的防御性动作，目的就是扶植搜狗，压制 360。

2013 年 9 月 20 日，搜狗 CEO 王小川在微博上称接到了大量用户的举报，"360 篡改了默认的搜狗浏览器"，而 360 随后发表声明，称搜狗浏览器中秋节期间捆绑搜狗浏览器误导用户安装，360 进行拦截，并帮助用户恢复到系统默认的 IE 浏览器。几天之后，搜狗和 360 伴随着激烈的口水战，迅速进入诉讼阶段。搜狗宣布将在西安起诉 360 不正当竞争，而 360 则以相同的罪名起诉搜狗，并起诉搜狗 CEO 王小川诋毁 360 商誉。

9 月 20 日，距离 360 主办的中国互联网安全大会只有三天的时间，据说 360 几乎倾尽半年的时间，耗费大量的人力物力，要把这个大会办得高端大气上档次，以确立在国内的江湖地位。突发的大战一下子消耗掉 360 积累的宣传势能，仿佛一个充气饱满的气球被扎进了一根钉子。

9 月 23 日，腾讯旗下的 QQ 浏览器称 360 手机卫士恶意提示 QQ 浏览器存在安全隐患。第二天，驱动之家发布报道称 360 手机浏览器泄露用户账号密码。

在 9 月 23 日的互联网安全大会期间，百度安全联盟称受到 360 围堵，威胁要退出互联网安全大会。腾讯、百度、搜狗，再加上之前的金山，四个互联网巨头都站在了 360 的对立面。

不难发现，利用强大的资金优势和强势推广能力，百度、腾讯已经联手拥有了安全杀毒、输入法、搜索、即时通信、浏览器等全产业链的布局，与 360 的产品线可谓针尖对麦芒。

除了产品线的明争暗斗，巨头对 360 的合围还延伸至司法乃至行政等新兴手段。

在 360 推出搜索产品仅一年，百度已接连发起近 10 场诉讼，不得不说是百度对于 360 进军搜索行业最强烈的"回应"；而已经打至最高法院的"中国反垄断第一案"，也由于"3Q 大战"中腾讯"二选一"行为巨大的杀伤力，而受到广大网民关注。

时至今日，司法诉讼日渐成为商业竞争工具，司法纠纷到底是在维护公平与正义，还是更多地争取企业间的商业秩序，更值得深思。其实，透过司法纷争，往往可看到技术之争、市场之争和发展战略之争，司法诉讼已然日渐成为企业商业竞争的重要工具和手段。

腾讯、百度是中国互联网领域的两大巨头，它们在安全领域的合作，最大意图也是限制360的发展。在经历了"3Q大战"和"3B大战"之后，腾讯和百度对360已不敢小觑，利用强大的资金和产业优势建立"护城河"，成为巨头们战斗的新法宝。

相比其他巨头，360目前的投资局面相对被动。虽然参与了一些投资并购，比较有影响的有3G门户和快用手机助手，有助于帮助补强其在应用分发上的优势。但相比BAT的大手笔，360的投资更多是早期的，规模有限。看来，360需要重整旗鼓，顺应形势，突出合围。

值得一提的是，360遭互联网巨头围剿，这里面涉及用户利益问题。随着行业整合的进一步加深，"用户"理念越来越被认可和重视，再加上相关部门的监管，这个问题会得以有效解决。

❖360重启之路

在"360Reboot，突围2014"360主题年会上，周鸿祎谈环境、谈对手、谈360的变化，主旨切合年会主题：一个是Reboot，也就是重启，另一个是突围，不仅要突出竞争对手的重围，更要突破自我。面对巨头联合围剿及移动互联网的变局，且听周鸿祎如何谈三大变化及应对措施。

一是环境变了。早在2005年周鸿祎担任雅虎中国总裁时，这家公司正如日中天：拥有足够的现金、庞大的用户群和上千亿美元市值，无论从何而讲好像都是不可战胜的，但是周鸿祎却认为雅虎没有未来了。后来的事实也证明，没有创新的雅虎，很快被谷歌、亚马逊，甚至 eBay 超过，现在雅虎虽然仍拥有庞大的用户群和每年几十亿美元的广告收入，但已经没有人认为它还是一家一流的互联网公司。不仅是雅虎，诺基亚、摩托罗拉、微软等无数公司在这个产业变局的十字路口上迷失了自我。其实这些大公司面临新环境时的难题也和动物们一样，当地球的环境变化时，能够活下来的，并不是最大、最强的动物，而是那些最能适应环境的。

上述的这些公司无疑都是被比其小得多的竞争对手打败的。当新变革到来的时候，不能适应新环境的公司，会最终倒下。目前一个不可否认的事实是，移动互联网的时代已经来了，它不再是一个趋势，而是现在进行时。在这个变局中，传统的 PC 互联网公司正面临新一轮的洗牌，如果不能适应这种变化，就只有死路一条。

其实，在未来的 5～10 年里，移动互联网仅是个开始，可穿戴、智能硬件、智能家庭、互联网和汽车及其他设备的结合将是更大的机遇和挑战。未来所有能看到的东西，大到汽车、冰箱、彩电，小到一个插座、灯泡，包括人身上用得很多的东西，可能都会变成智能的设备，而且是无时无刻的连接互联网，互联网会变成人身体的一部分，很多智能的设备会变成身体的器官。

周鸿祎说，虽然 360 的一些业务大家觉得还挺好，但这只是惯性使然。用户从 PC 到手机，再到新的各种智能设备，如果没有充分的准备，这个公司就没有未来。

二是对手变了。有一个流行的段子：2006 年，360 做安全卫士时，周鸿祎曾去问马化腾做不做，结果马化腾表示看不懂，对安全不感兴趣。正是因为腾讯这样的巨头没看清 360 的商业模式，给了周鸿祎宝贵的三年时间。同样地，当年雷军做小米时，"中华酷联派"等传统手机厂商都对小米不屑一顾，眼看着小米成长起来。小米能够成功，也并不是因为小米有多么伟大，而是巨头没看清楚。

无论是 360 还是小米都在巨头打盹的时候给行业带来了新鲜感，成功改变了安全和手机行业，但一分为二地看，它们的领先只是暂时的。一旦这种领先惊醒了巨头，给了它们巨大的激励，会让它们更有狼性，动作更快。

其实，可以在战略上藐视巨头，但却应该在战术上重视它们。巨头从来不是纸老虎，它们拥有海量用户的产品，足够的资金。即便作为竞争对手，周鸿祎也认为微信做得相当好。作为腾讯的"诺亚方舟"，腾讯的所有产品都开始在微信上强行捆绑。不仅是 360，已经退休的马云在面对微信时也十分紧张，甚至不惜一切代价强推来往，希望借此抗衡微信。而另一家巨头百度，在被 360 唤醒以后，不仅以 19 亿美元并购 91 无线，一举奠定了在移动互联网的地位，同时也开始跟随和模仿 360 的策略，采取与以前 PC 互联网时完全不同的方式做安全和其他移动互联网产品。

周鸿祎说，比钱多，360 比不过腾讯和百度；比人力，是 4000 对 30000 的区别；比并购，别人一口气能做好几个几十亿美元的并购，但 360 却没有这样的实力。那处于巨头围剿之下的 360，应该怎么办呢？

三是 360 如何变。2014 年，360 要跟巨头玩一场新游戏。周鸿祎总结说，过去很长一段时间 360 不按常理出牌，很多招数让巨头们很难受，比如 QQ 保镖、免费杀毒，因此 2014 年，360 做点好玩的东西。

360 是在巨头的围剿中成长起来的，历史已经证明无论竞争对手多么强大，都没有打垮 360。正好相反，当年势单力薄的 360 做了一点创新，就创造了这几年来一个很好的发展基础。周鸿祎担心，现在的 360 有了更多的人和收入之后反而变得平庸。周鸿祎最怕的是 360 被自己打败。那么 360 唯一能够战胜对手的武器就是创新。

周鸿祎理解的创新，就是做别人看不懂、想不到、不敢做的事。这才是今天的游戏规则，360只有按这个游戏规则走，才有出路。

为了保证创新，360要真正回到用户至上的价值观，做产品的要跟用户多交流，把每个产品的用户群真正建立起来，重新聚集起核心的铁杆用户群，拉近与用户的距离，让用户真正参与到产品的研发中。

其实，过去360的很多创新和改变都来自用户。比如，去年浏览器的改版意见全部来自用户调查，正是基于这种用户需求，才把新产品做得贴近了用户。"今年，360要跟用户一起玩，加强互动，把用户带到产品的研发中来。"周鸿祎说，哪怕是一些很小的产品只要是员工自己想到的，能够打到用户的痛点，那360的试验就成功了。

❖周鸿祎布局移动互联网

如何布局移动互联网，在业务边界上突围，这是周鸿祎最近几年一直思考的问题。在2014年，360在移动互联网相关领域的新产品上也做了不少探索，包括360儿童手环、360家庭摄像机、360安全路由器等系列硬件。

给人最大想象空间的还有手机业务。周鸿祎在360于2015年3月发布的2014年第四季度及全年财报电话会议上表示，奇虎360将要发布的手机才是市场中真正最好的，并且要开发自主操作系统确保手机的安全性。周鸿祎本人已经把1/3甚至一半时间用来开发手机，已经在深圳建立团队。2014年底，360和酷派建立战略联盟共同推进智能手机市场，360坚信硬件加上软件的生态系统将在中国未来的无线互联网领域扮演重要角色。

与小米投资物联网生态链类似，360的硬件业务也将谋求和家电厂商合作。此前，周鸿祎在一次演讲曾提出"万物互联"的概念：未来，任何设备都将接入互联网。万物互联之后，360 的机会在哪里？周鸿祎认为"安全"是 360 面向未来的基石，所有设备联入互联网，安全变得前所未有的重要。

面对万物互联时代，硬件、操作系统、安全，周鸿祎打造的是一个"硬件＋软件＋互联网（核心应用）"的架构。他认为，未来安全是互联网核心应用，做好安全就能掌握主动。正是这一逻辑，使周鸿祎获得了 PC 时代的成功。万物互联时代也会遵循这逻辑，这是周鸿祎的期望。

后　记
企业融智，需结合自身特点和顺应时代趋势

　　重点强调融智的意义，对企业创造智慧资本来说是必要的！

　　所谓智慧资本，指能够转化为市场价值的知识，是企业所有能够带来利润的知识和技能。在大融合趋势下，智慧资本的价值，就是人的智慧所在，因此融智更胜于融资。"融资"的任务是解决企业间资金困难的问题，而"融智"则是将行业中专业人士的智慧融合起来，并交流整合，形成一个针对企业弊端的有效解决方法。针对"融资"旧理念，企业更需注重"融智"带给企业的长久利益。

　　随着时代的发展，"融智"虽作为一种新型的理念在行业中提出，但这并不意味着企业之间可以随意融合。简单的企业领导人之间的思想交流并不能成为真正意义上的"融智"。因此，行业间的"融智"需结合企业自身特点并顺应时代趋势来进行。

　　企业间"融智"的先决条件是企业自身提前做好准备工作，对于自己的企业，在营销模式和管理模式上须了如指掌。一方面，企业需要了解当下时代特点，因地制宜，制定一套完整的符合时代发展特点的营销模式；对自身产品的层次进行划分，并制定与之相匹配的、系统的管理模式。另一方面，

在"融智"时代，需要企业审视当前经营内外环境，寻找财富机会，利用超前观点和智慧为企业未来发展进行整体规划，使融合过程中的融智更符合时下行业整体发展趋势。这是"融智"的时代要求。

从"资金融合"到"智慧融合"是行业发展的必由之路，它是形成良性竞争的有效手段。大融合中智慧的互相补充、交融与分享，不仅在投入上节省成本，而且必将推动企业往更健康的道路上发展。因此，"融智"理念在当前社会发展中，应当被企业所重视。

融智，这种软实力的相互融合，必将引领行业走向更辉煌的道路！